Rendu 3D sur écran auto-stéréoscopique

David Alessandrini

Rendu 3D sur écran auto-stéréoscopique

Génération de vues virtuelles à partir d'un contenu stéréoscopique

Éditions universitaires européennes

Mentions légales / Imprint (applicable pour l'Allemagne seulement / only for Germany)
Information bibliographique publiée par la Deutsche Nationalbibliothek: La Deutsche Nationalbibliothek inscrit cette publication à la Deutsche Nationalbibliografie; des données bibliographiques détaillées sont disponibles sur internet à l'adresse http://dnb.d-nb.de.
Toutes marques et noms de produits mentionnés dans ce livre demeurent sous la protection des marques, des marques déposées et des brevets, et sont des marques ou des marques déposées de leurs détenteurs respectifs. L'utilisation des marques, noms de produits, noms communs, noms commerciaux, descriptions de produits, etc, même sans qu'ils soient mentionnés de façon particulière dans ce livre ne signifie en aucune façon que ces noms peuvent être utilisés sans restriction à l'égard de la législation pour la protection des marques et des marques déposées et pourraient donc être utilisés par quiconque.

Photo de la couverture: www.ingimage.com

Editeur: Éditions universitaires européennes est une marque déposée de
Südwestdeutscher Verlag für Hochschulschriften GmbH & Co. KG
Heinrich-Böcking-Str. 6-8, 66121 Sarrebruck, Allemagne
Téléphone +49 681 37 20 271-1, Fax +49 681 37 20 271-0
Email: info@editions-ue.com

Produit en Allemagne:
Schaltungsdienst Lange o.H.G., Berlin
Books on Demand GmbH, Norderstedt
Reha GmbH, Saarbrücken
Amazon Distribution GmbH, Leipzig
ISBN: 978-613-1-52775-3

Imprint (only for USA, GB)
Bibliographic information published by the Deutsche Nationalbibliothek: The Deutsche Nationalbibliothek lists this publication in the Deutsche Nationalbibliografie; detailed bibliographic data are available in the Internet at http://dnb.d-nb.de.
Any brand names and product names mentioned in this book are subject to trademark, brand or patent protection and are trademarks or registered trademarks of their respective holders. The use of brand names, product names, common names, trade names, product descriptions etc. even without a particular marking in this works is in no way to be construed to mean that such names may be regarded as unrestricted in respect of trademark and brand protection legislation and could thus be used by anyone.

Cover image: www.ingimage.com

Publisher: Éditions universitaires européennes is an imprint of the publishing house
Südwestdeutscher Verlag für Hochschulschriften GmbH & Co. KG
Heinrich-Böcking-Str. 6-8, 66121 Saarbrücken, Germany
Phone +49 681 3720-310, Fax +49 681 3720-3109
Email: info@editions-ue.com

Printed in the U.S.A.
Printed in the U.K. by (see last page)
ISBN: 978-613-1-52775-3

CONSERVATOIRE NATIONAL DES ARTS & METIERS
Centre Régional associé de Rennes

———————

Mémoire présenté en vue
d'obtenir le diplôme d'ingénieur **C.N.A.M.**
en informatique

David Alessandrini

———————

Etude de la génération de vues virtuelles à partir d'un contenu stéréoscopique et réalisation de rendu 3D sur écran auto-stéréoscopique

Soutenu le 16 juin 2009

———————

JURY

PRESIDENT :   Professeur POLLET (CNAM Paris)

MEMBRES :   M. PREAUX (CNAM Rennes)
                   Dr Raphaele BALTER (ingénieur R&D Orange Labs)
                   Dr Danielle Pelé (responsable équipe IAM Orange Labs)

Remerciements

Je remercie tous les membres de l'équipe IAM qui m'ont aidé durant ces 18 mois à France Télécom R&D. Tout particulièrement, Raphaële qui m'a toujours soutenu et guidé dans mon travail sur un sujet inconnu pour moi au départ.

Certaines parties de ce mémoire ont été possibles grâce aux conseils pertinents de Stéphane.

Je remercie également Danielle d'avoir accepté le principe de ce mémoire sur mon travail effectué dans l'équipe qu'elle dirige.

Je tiens à remercier également Mr Préaux pour ses conseils et son aide dans la finalisation de ce document ainsi que le Pr Pollet d'avoir accepté de présider le jury.

Résumé et mots clés

Mots clés: carte dense de profondeur ou disparité, interpolation, écran auto stéréoscopique, TV3D

Résumé: Après le déploiement de la télévision Haute Définition, on note de nouveau un intérêt pour les technologies du relief, notamment pour le cinéma 3D et pour les premiers écrans auto stéréoscopiques qui permettent de visualiser en relief sans lunettes spécifiques. Ces nouveaux écrans utilisent au moins 2 vues et souvent plus pour optimiser le confort de l'utilisateur.

Toutefois la capture de plusieurs vues simultanément est très complexe pour plus de deux vues. De plus il n'y a pas d'interopérabilité entre les différents modèles d'écran 3D car chaque fabriquant à son propre format d'entrée. Ainsi nous proposons un programme d'intégration de ces différents formats à l'aide d'une conversion automatique de deux vues stéréoscopiques en N vues pour pouvoir faire un rendu 3D sur l'ensemble des écrans auto stéréoscopiques disponibles actuellement.

Dans ce travail, nous décrivons donc les 3 étapes essentielles pour réaliser la conversion de 2 vues vers N vues: rectification des caméras, estimation de la carte de profondeur et interpolation de vues pour générer l'ensemble des vues adaptées à l'écran. Comme la qualité de la carte de profondeur est essentielle pour l'interpolation, on a développé une nouvelle gestion des occultations ainsi qu'un filtre spatial et temporel qui améliore nettement la qualité de la carte de profondeur et des vues générées par interpolation.

Dans la deuxième étape, on calcule la carte de profondeur avec une détection des occultations après la première étape de rectification. Pour résoudre le problème de l'appariement stéréoscopique, on applique les algorithmes de coupures de graphes. Ensuite on améliore cette carte de profondeur en traitant la zone d'occultations par un algorithme spécifique.

Comme nous traitons des vidéos et non pas un simple couple d'images, on doit régulariser les cartes de profondeurs successives à l'aide d'un filtrage temporel. Celui-ci permet d'éliminer le bruit temporel de la carte de profondeur qui gène considérablement la visualisation sur écran en relief. Pour réaliser ce filtre, on applique une compensation de mouvement sur la carte de profondeur donnée par l'estimation du mouvement sur les images couleurs 2D correspondantes. Finalement, on utilise une régularisation spatiale qui préserve les bords de fort gradient et lisse les régions de faible variation de profondeur. Ce filtre spatial réduit les effets de quantification de la carte de profondeur et permet d'augmenter la dynamique des niveaux de gris.

Les images et leurs cartes de profondeurs associées peuvent ainsi être directement rendues sur le système Philips. Pour les écrans NewSight qui nécessitent 8 vues, on doit générer dans la troisième étape des vues virtuelles supplémentaires par interpolation.

Cette conversion de points de vues stéréoscopiques vers N vues donne de bon résultat et permet non seulement de combler le manque de contenus multi vues mais aussi de pourvoir afficher sur toutes les technologies possibles (avec ou sans lunettes) uniquement à partir d'une acquisition stéréoscopique.

SOMMAIRE

1. INTRODUCTION

1.1. L'entreprise et le contexte du sujet

Ce mémoire est le résultat d'un travail effectué dans un laboratoire de R&D de France Télécom Rennes. Orange Labs (dénommé également France Télécom R&D) est la division recherche et développement du groupe France Télécom. Ces recherches et cette étude ont été effectuées sur une durée de 18 mois pour aider l'équipe IAM (Interface et Applications Multimédia) à faire face à un accroissement temporaire d'activité découlant d'une montée en charge sur l'étude "rendu vidéo 3D avec prise de vue du type réseau de caméras". J'ai exercé ces fonctions comme ingénieur de recherche au sein du Centre Recherche et Développement Technologies dans le laboratoire "Image, Richmédia, nouvelles Interactions et hyperlangageS" (TECH/IRIS) d'orange Labs à Rennes. Plus précisément, l'équipe IAM travaille dans le domaine de l'animation et de la modélisation des humanoïdes virtuels 3D et ainsi que sur la thématique de transmission et visualisation d'environnements 3D. L'équipe est principalement constituée de docteurs et/ou ingénieurs et les différents projets sont construits autour des thèmes suivants :

> - Réalité augmentée
> - Monde 3D et réseaux sociaux
> - Représentation et transmission d'information 3D
> - Normalisation MPEG-MVC (Multi-View Coding)
> - Animation d'avatars
> - TV 3D et vidéo 3D
> - Navigation dans les villes en 3D

L'équipe IAM travail sur tous les sujets concernant la 3D. Le site de R&D de Rennes est plus largement spécialisé dans les domaines du multimédia et de l'audiovisuel et contribue au développement de travaux de normalisation internationale pour mieux répondre aux besoins de l'opérateur de télécommunications.

1.2. Présentation générale du sujet

La vidéo 3D en relief est aujourd'hui annoncée comme l'évolution logique de la télévision après la télévision haute définition (HD). Le relief suscite un réel intérêt à en juger par le nombre toujours croissant d'industriels et de laboratoires travaillant sur le sujet contribuant au développement de nouvelles technologies permettant par exemple de s'affranchir du port de lunettes (on parle alors d'auto-stéréoscopie). Il existe une multitude de solutions technologiques à l'acquisition et à la restitution reposant sur des formats variés (nombre de vues, type de données...) au détriment de l'interopérabilité entre les systèmes.

Le principe des technologies 3D permettant de voir en relief est de reproduire la vision binoculaire humaine. Théoriquement la visualisation en relief d'une scène requiert de disposer d'au moins deux vues décalées de cette même scène, une pour chaque œil. Les images doivent être séparées lors de la visualisation afin que chaque œil ne reçoive que la vue qui lui est destinée pour que le cerveau reçoive 2 images décalées dont il va fusionner les informations pour voir en relief. La séparation des deux images peut être effectuée par l'intermédiaire de lunettes ou de l'écran. Dans ce dernier cas l'écran diffuse les vues dans l'espace et c'est alors la position de l'utilisateur qui permet de faire en sorte que les yeux voient des images différentes.

Dans la réalité les systèmes auto-stéréoscopiques affichent davantage de vues afin de maximiser le confort de l'utilisateur. Cependant la capture multi vues est extrêmement complexe pour plus de deux caméras.

A court terme, les contenus disponibles seront majoritairement stéréoscopiques car cette approche permet d'avoir accès au vrai relief avec une complexité acceptable. C'est notamment le choix du cinéma 3D. Les solutions de conversion 2D vers 3D (à partir d'une vidéo 2D classique) ajoutent seulement une sensation de profondeur et ne permettent pas de reconstruire la vraie profondeur. L'utilisation d'un couple d'images stéréoscopiques est donc une technologie intermédiaire qui permet d'avoir la vraie (au moins théoriquement) profondeur de la scène et de pouvoir ensuite reconstruire plusieurs vues à partir de cette profondeur.

Le sujet de notre étude concerne donc le développement d'une solution permettant de convertir ces contenus stéréoscopiques en un contenu multi vues composé de N vues (N >2) afin de pouvoir les visualiser sur les nouveaux systèmes de restitution du relief sans lunettes.

1.3. Présentation du projet

Le but de ce document est donc de décrire la méthode et la suite de traitement permettant de passer d'un couple d'images stéréoscopique à la reconstruction de N vues pour une visualisation en relief sur un système 3D nécessitant plus de 2 vues. En plus de palier au manque de contenus multi vues cette approche assure une interopérabilité relative entre différents systèmes (auto)-stéréoscopiques. On peut ainsi à chaque étape de la chaine de traitement faire un rendu pour différents type avec lunettes (anaglyphes, polarisées, actives...) ou sans (écran avec réseau lenticulaires ou barrière parallaxe). Nous allons expliquer dans le chapitre 2 en détails les trois étapes nécessaires afin de pouvoir produire un contenu réel (non synthétique) pour écran N vues à partir d'un couple stéréoscopique.

Nous allons expliquer maintenant de manière générale les trois étapes qui nous ont permis de passer de deux vues stéréoscopiques à plusieurs vues afin de pourvoir utiliser les différents types d'écrans auto stéréoscopiques. Ces trois étapes seront détaillées dans le chapitre 2. Le schéma ci-dessous résume les trois étapes de traitement.

- ➤ la rectification
- ➤ le calcul de la profondeur/disparité
- ➤ la reconstruction de points de vue (interpolation)

La majorité des contenus vidéo stéréoscopiques sont acquis à l'aide de caméras convergentes. Le but de la rectification est de « redresser » les deux caméras pour qu'elles soient parallèles. Dans l'étape suivante de calcul de la disparité/profondeur on doit faire une mise en correspondance des pixels de l'image gauche avec les pixels de l'image droite. Si l'étape de rectification des caméras est effectuée, cette mise en correspondance est beaucoup plus facile car on sait alors que le pixel correspondant sera sur la même ligne.

Après l'étape de rectification (1er étape), on peut calculer la carte de disparités/profondeur (2ème étape). On calcul donc pour chaque pixel de l'image gauche (resp. droite) la différence (en pixels) de position avec le pixel correspondant de l'image de droite (resp gauche) sur la même ligne. On transforme ensuite ces différences pour chaque pixel en une image de niveau de gris et chaque niveau de gris donne la profondeur relative des différents objets de la scène filmée. On peut alors utiliser l'écran Philips qui prend en entrée comme format pour le rendu 3D une image accompagnée de son image en niveau de gris. Cet écran reconstruit alors les points de vue manquants de manière matérielle (« hardware »). Nous avons choisi de faire cette étape (3ème étape) de manière logicielle (« software ») afin de pourvoir utiliser les écrans qui nécessitent comme format d'entrée plusieurs vues comme l'écran NewSight.

La dernière étape (3ème étape) correspond donc à la reconstruction de points de vue à partir des informations de profondeurs calculées dans la 2ème étape. On peut à partir de ces informations 3D faire une interpolation afin de reconstruire les vues nécessaires en nombre supérieur à 2 en fonction de l'écran utilisé.

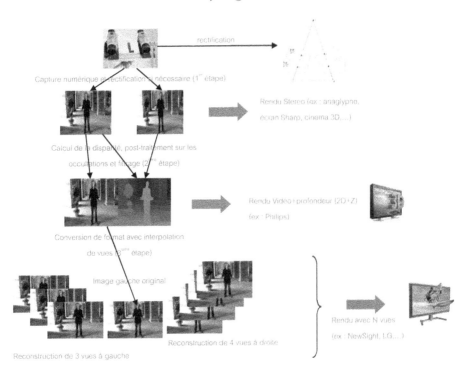

En réalisant ces trois étapes, on répond bien au problème posé. En effet on peut comme l'indique le schéma faire un rendu à la fin de chaque étape sur un type d'écran ou un système différent de visualisation 3D. On peut ainsi avec une acquisition stéréoscopique s'abstraire des différents formats et matériels de visualisation 3D.

1.4. Les objectifs et le planning d'activité

Donnons d'abord les contraintes qui nous ont été imposées par la technologie choisie pour faire un rendu 3D sur écran auto stéréoscopique.

> Les N points de vue à générer doivent être proches et alignés.
> On doit limiter l'importance du relief afin d'éviter l'apparition de flou qui diminue nettement la qualité du rendu.
> La solution logicielle pour être viable doit gérer la conversion 2 vues vers N vues de manière automatique et sans hypothèses ni connaissances a priori sur les données d'entrée.

Les objectifs principaux et concrets fixés par l'équipe en termes de réalisations sont :

> Développement informatique en langage C/C++ des trois étapes nécessaires à la conversion avec la documentation adéquate décrivant les techniques utilisées. Ce travail prend la forme d'un livrable tous les 6 mois.
> Dépôt de brevet d'invention.
> Publication dans une conférence

Ces objectifs ont été réalisés de la manière suivante : le premier livrable (6 mois) a permis de faire une démonstration lors d'un collège scientifique sur les technologies 3D dans le multimédia (son et vidéo) au centre de R&D à Paris. Le deuxième livrable (12 mois) a permis la rédaction d'un brevet qui a été accepté. Le troisième livrable a permis de réaliser une publication dans une conférence spécialisée et donne des outils logiciels pour faire une conversion de 2 vidéos stéréoscopiques vers N vidéos pour affichage sur écran 3D.

Dans la phase de développement informatique, nous avons intégré différents type de code : notre propre code source, du code open source (pour le calcul de la profondeur) et du code provenant de l'équipe spécialisée dans la compression vidéo (pour la compensation de mouvement nécessaire au filtrage temporel).

Les points durs à résoudre concerne la conversion 2 vues stéréoscopiques vers N vues pour un rendu sur écran auto-stéréoscopique. Plus précisément :

> Choix d'une rectification non calibrée d'un couple stéréoscopique (section 2.2).
> Choix du meilleur algorithme à l'aide de l'état de l'art réalisé dans l'étude pour le calcul et la qualité de la carte de profondeurs-disparités pour un couple stéréoscopique suivant les critères ci-dessous :
>   o Gestion des zones en occultation, i.e. les pixels de l'image gauche n'ayant pas de correspondant dans l'image droite (section 2.3.3.1)
>   o Elimination des artefacts (section 2.3.3.1)
>   o Stabilité temporelle de cette carte (section 2.3.3.1)
>   o Lissage des zones uniformes et élimination du bruit (section 2.3.3.2)
>   o Préservation des contours
> Réalisation de l'affichage sur écran auto-stéréoscopique à l'aide de l'étude sur la reconstruction de vues nécessaires au rendu à partir d'une image et d'une carte de profondeurs en respectant les contraintes intrinsèques aux écrans auto-stéréoscopiques et à la visualisation en relief (section 2.4 et 2.5).

Le planning d'activité de cette étude est donné ci-dessous dans un ordre chronologique. Il faut bien réaliser que ce planning donne uniquement un ordre d'idée de la durée de chaque activité. L'étude est intimement lié à l'activité de développement, il est donc très difficile de chiffrer la durée consacrée à une activité. En effet, c'est une activité de R&D et on ne connaît pas à l'avance l'efficacité d'un algorithme sans avoir fini le cycle de développement classique étude/recherche, implémentation et tests. Pour chaque nouvelle idée d'algorithme, je me suis appliqué à raccourcir ce cycle de développement afin de pourvoir tester un maximum d'idées. Les taches principales sont décrites ci-dessous et on donne en plus un diagramme de Gantt donnant un ordre d'idée de la durée de ces taches.

- ➤ Travail sur la rectification et en particulier la rectification quasi-euclidienne (section 2.2 et taches 2 et 4 du Gantt)
- ➤ Etude et réalisation d'une chaîne de traitement à partir d'un couple d'image stéréoscopique en vue de faire un rendu 3D sur écran auto stéréoscopique. (section 2.3 et 2.4)
  - ○ Etat de l'art et évaluation des solutions d'extraction de cartes de disparité à partir de couples d'images stéréoscopiques (section 2.3.1 et tache 1 du Gantt)
  - ○ Sélection/Implémentation de la méthode la plus performante (section 2.3.2 et tache 1 du Gantt)
  - ○ Optimisation des cartes estimées en préservant au mieux les contours (stabilisation temporelle, élimination des artefacts, gestion des occultations, etc)(section 2.3.3 et taches 7,8,9 et 10 du Gantt)
  - ○ Développement d'une solution de rendu multi vues pour un affichage sur un écran auto-stéréoscopique à partir d'une représentation image plus profondeur (section 2. 4 et tache 5 du Gantt)

- ➤ Adaptation du rendu en fonction du support et de la fatigue de l'utilisateur (section 2.5 et tache 3 du Gantt).
- ➤ Documentation et mise en forme des différents livrables (taches 6 et 11 du Gantt)

On donne ci-dessous le diagramme de Gantt du projet. On indique en violet des taches qui n'ont pas été intégrées aux différents livrables. En jaune, le travail de développement sur les livrables. En bleu turquoise, les taches qui correspondent au chapitre 2.3, en bleu au chapitre 2.2 et en vert au chapitre 2.4.

Tâche	Période
test algorithmes et calcul de disparité	4/04 - 6/07
portage Matlab vers C pour la rectification quasi euclidienne	4/05 - 4/07
adaptation du relief aux contraintes de rendu sur écran 3D	4/07 - 2/08
étude sur les différentes rectifications	1/06 - 4/10
développement d'une solution d'interpolation	4/10 - 5/11
livrable et démonstrations conversion 2 vues vers N vues	2/05 - 2/07
amélioration de la gestion des occlusions et développement pour le brevet	5/11 - 4/01
filtrage spatial	12/12 - 07/02
étude d'une solution de filtrage temporelle	7/02 - 14/04
nouvelle solution de filtrage par compensation de mouvement	17/04 - 12/06
livrable final sous forme d'exécutable pour les trois traitements principaux	12/06 - 13/08

Échelle temporelle : 2007 (4, 5, 6, 7, 8, 9, 10, 11, 12, 1) — 2008 (2, 3, 4, 5, 6, 7, 8, 9)

1.5. Présentation du plan du mémoire

L'étude a été réalisée suivant les trois principaux traitements : rectification (section 2.2), calcul de la disparité (section 2.3), interpolation (section 2.4). Dans chaque section, nous proposons une partie étude, puis une partie où on décrit nos propres choix et réalisations et enfin une conclusion pour chaque section.

Au niveau de l'étude le document est organisé de la manière suivante :

> Les différentes méthodes de rectification calibrée ou non (section 2.2.1, 2.2.2 et 2.2.3)
> Etat de l'art sur les différentes méthodes de calculs d'une carte de profondeurs à partir d'un couple stéréo comme les coupures de graphe, la propagation de croyance, la programmation dynamique, etc. (section 2.3.1 et 2.3.2)
> Choix de l'algorithme de génération des N vues nécessaires à l'affichage sur un écran auto-stéréoscopique permettant de voir en relief sans lunettes (section 2.4.1)
> Adaptation du rendu en fonction du support (notamment la taille de l'écran) et de la gène/fatigue visuelle (section 2.5)

En ce qui concerne les réalisations :

> Extraction de cartes de disparité à partir de couples d'images ou de vidéos stéréoscopiques après rectification (section 2.2.4 et 2.3)
> Optimisation des cartes de disparités obtenues : Amélioration de la qualité des cartes obtenues (section 2.3.3)
> Développement d'une solution efficace de remplissage des zones d'occultation (section 2.3.3.1)
> Interpolation de vues: conversion image+profondeur vers N vues pour rendu sur écran auto-stéréoscopique avec un relief adapté (section 2.4.2 et 2.5)

Pour terminer une conclusion rappelant les solutions apportées par ce travail, ses perspectives ainsi que les problèmes demeurant en télévision en relief.
On donne aussi en annexe un rappel sur les notions géométriques d'un capteur stéréoscopique. Cette annexe permet de comprendre plus en détails la partie sur la rectification. La deuxième annexe donne le code parallélisé du filtrage spatiale de la section 2.3.3.2.

2. ETUDE, ETAT DE L'ART ET REALISATIONS DES DIFFERENTES ETAPES DE TRAITEMENT

2.1. introduction

Il y a un double problème pour obtenir une carte de profondeurs dense à partir de deux images stéréoscopiques, on doit d'abord faire un appariement dense, c'est-à-dire déterminer pour chaque pixel d'une image son correspondant dans l'autre image stéréoscopique si il existe (occultation). Puis on doit gérer le problème géométrique (la rectification) à l'aide des différents paramètres du capteur stéréoscopique.

Ces paramètres sont de deux natures :

➢ Les paramètres extrinsèques (rotation et translation des caméras dans un repère de l'espace ou bien position relative des deux caméras)

➢ Les paramètres intrinsèques (focale, point principal et paramètres de distorsion)

Ces deux problèmes, géométrique et de correspondance, sont liés. En effet, la connaissance de la géométrie du capteur réduit la recherche de correspondance à une seule dimension le long de la droite épipolaire (droite en rouge sur le dessin ci-dessous associée au point XL de l'image de gauche).

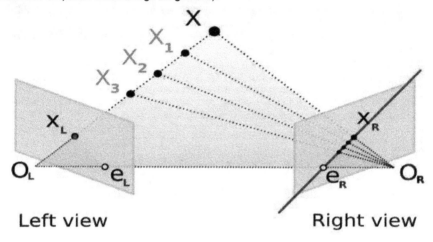

Figure 1 : contrainte épipolaire et triangulation (source internet)

On doit faire en dernier une triangulation pour trouver la vraie profondeur du point X, c'est-à-dire la distance de X à la droite $(O_l O_R)$.

Nous avons choisi dans la suite de traiter séparément et successivement ces deux problèmes. On commence par gérer le problème géométrique par une rectification et ensuite le problème d'appariement pour calculer la disparité (distance entre deux pixels correspondants).

La carte de profondeurs est une image en niveau de gris donnant une profondeur pour chaque pixel de l'image représentant la scène. La représentation de la scène par une image plus sa profondeur (2D+Z) fournit une représentation pratique et compacte de la scène en 3D.

Dans la suite nous allons décrire les différents post-traitements informatiques nécessaires qui nous ont permis de faire un rendu sur les deux principaux écrans auto stéréoscopique. Il y a essentiellement 3 étapes :

➢ La rectification

➢ Le calcul de la disparité-profondeur (la relation entre ces deux notions est donnée ci-dessous)

➢ L'interpolation de points de vue

Dans chaque étape on décrira l'étude préalable et on justifiera le choix de la réalisation par rapport aux résultats obtenus dans cette étude.

2.2. *Rectification calibrée ou non calibrée*

Nous supposons dans ce chapitre que le lecteur maîtrise les notions géométriques de base sur la géométrie des capteurs. Notamment les notions de paramètres intrinsèques et extrinsèques d'une caméra. On pourra se référer à Radu Horaud [1]. Pour le modèle sténopé géométrique d'une caméra et les notions géométriques essentielles, on pourra aussi se reporter à l'annexe en fin de document.

La plupart des contenus disponibles sont acquis à l'aide de caméras stéréoscopiques convergentes dans le but d'une visualisation avec lunettes. Ces contenus donnent alors une disparité horizontale ainsi que verticale. Rappelons ici que le but de la rectification est d'annuler cette disparité verticale de sorte que la recherche des correspondants pendant le calcul de la disparité se fasse uniquement sur une ligne horizontale.

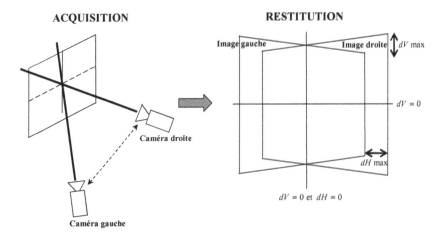

Figure 2 : disparité horizontale et verticale (source document Orange Labs)

Ci-dessus on a les images stéréoscopiques restituées d'un tableau situé dans le plan de convergence des deux caméras. dV et dH représentent les disparités verticale et horizontale entre les images droite et gauche. Un niveau de disparités verticales important a une influence avérée dans la sensation de gêne visuelle.

Nous donnons ci-dessous la configuration géométrique du capteur ainsi que les relations simples entre la position d'un point dans l'espace et les disparités verticale et horizontale.

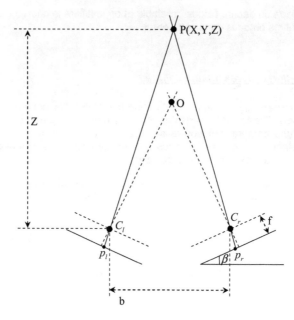

Figure 3 : caméras convergentes

La figure ci-dessus donne la configuration des caméras vue de dessus. La focale est identique et les deux caméras ont subi une rotation l'une vers l'autre d'un même angle beta.

On obtient par calcul les relations entre la disparité et la profondeur suivante :

x_l, y_l, x_r, y_r sont les coordonnées dans le repère image respectivement (gauche-droite).
(X, Y, Z) sont les coordonnées dans le repère "monde".

$$x_l = f \frac{\cos(\beta)(X + b/2) - \sin(\beta)Z}{f - \sin(\beta)(X + b/2) - \cos(\beta)Z}$$

$$y_l = f \frac{Y}{f - \sin(\beta)(X + b/2) - \cos(\beta)Z}$$

$$x_r = f \frac{\cos(\beta)(X - b/2) + \sin(\beta)Z}{f + \sin(\beta)(X + b/2) - \cos(\beta)Z}$$

$$y_r = f \frac{Y}{f + \sin(\beta)(X - b/2) - \cos(\beta)Z}$$

Si on dispose des paramètres intrinsèques (f) et extrinsèques (β et b), on peut rectifier le couple stéréoscopique de manière à conserver les distances, on parle alors de rectification euclidienne. Mais pour la plupart des contenus stéréoscopique, on ne possède pas d'information préalable sur ces paramètres, on doit donc faire une rectification « non-calibrée » du capteur. La plus classique est une rectification projective mais elle ne conserve pas les distances et donc introduit des profondeurs différentes sur des objets de la scène ayant pourtant une même profondeur dans la scène réelle, ce qui ne permet donc pas une annulation de la disparité verticale.

Les écrans auto-stéréoscopiques ne produisent du relief que dans la seule dimension horizontale ce qui justifie pleinement le traitement préalable de rectification, traitement qui annule la disparité verticale. Cette disparité verticale accentue de plus la fatigue de l'utilisateur pendant une visualisation avec des lunettes.

Après rectification, le rendu est alors effectué à l'aide d'une image 2D et d'une information unique de disparité-profondeur, la disparité étant inversement proportionnelle à la profondeur. On parle alors de modèle 2D+Z.

Une fois le couple rectifié, on se trouve donc dans la situation plus simple ci-dessous (cas où β=0 dans les formules précédentes) :

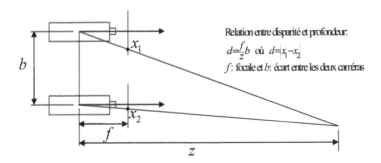

Relation entre disparité et profondeur.
$$d=\frac{f}{z}b \quad \text{où} \quad d=|x_1-x_2|$$
f : focale et b : écart entre les deux caméras

Figure 4 : caméras rectifiées

On voit donc que la disparité d est bien inversement proportionnelle à la profondeur Z avec deux coefficients multiplicateurs :

➤ f : la focale (paramètre intrinsèque)
➤ b : écart entre les caméras (paramètre extrinsèque)

La rectification permet d'aligner horizontalement les lignes épipolaires entre deux images stéréoscopiques capturées par un système avec une géométrie convergente afin de se ramener à un système de caméras parallèle, comme sur la figure ci-dessus. C'est la première étape nécessaire si les caméras ne sont pas au préalable rectifiées.

2.2.1. Cas Euclidien

Nous allons faire dans ce paragraphe un rappel sur la rectification (voir [2]) dans le cas où on connaît les paramètres intrinsèques et extrinsèques du capteur stéréoscopique.

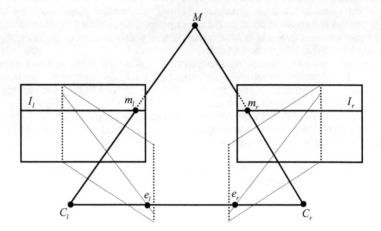

Figure 5 : caméras originales (pointillés) et rectifiées

On voit sur le schéma que les images rectifiées sont coplanaires et parallèles à la droite $(C_l C_r)$. Si on connaît les matrices de projection de chaque caméras P_{ol} et P_{or}, c'est-à-dire les matrices qui donnent la transformation du point M dans l'espace vers les points images m_l et m_r, l'idée est de construire deux nouvelles caméras "virtuelle" ayant pour matrices de projection P_{nl} et P_{nr}. Ces deux dernières sont obtenues par rotation autour des centres optiques des anciennes projections, jusqu'à ce que les plans focaux deviennent coplanaires. Ceci assure que les épipoles e_l et e_r sont à l'infini et donc que les droites épipolaires soient parallèles.

En résumé, les centres optiques des deux caméras restent les mêmes après ou avant la rectification alors que l'orientation des cameras changent par rotations. Les paramètres intrinsèques sont les mêmes pour les deux cameras. Ainsi les deux cameras résultantes ne différent que par leurs axes optiques. Ecrivons la factorisation des matrices de projections des cameras virtuelles (rectifiées) de manière matricielle :

$$P_{nl} = K[R \,|\, -RC_1]$$

$$P_{nr} = K[R \,|\, -RC_r]$$

On doit donc calculer K, R, C_l, C_r. La matrice des paramètres intrinsèques K ne change pas. Les centres optiques C_l, C_r ne changent pas non plus. On doit donc uniquement calculer la matrice R qui donne la pose de la caméra et s'écrit :

$$R = \begin{pmatrix} r_1^T \\ r_2^T \\ r_3^T \end{pmatrix}$$

r_1, r_2 et r_3 sont les axes (x, y, z) du repère caméra (voir annexe) exprimés dans le repère "monde". Il reste donc à exprimer ces 3 vecteurs afin de connaître cette rotation.

➤ L'axe x est parallèle à l'axe des centres optiques $(C_l C_r)$ et donc :

$$r_1 = (C_r - C_l) / \|C_r - C_l\|$$

➤ L'axe y est orthogonal à x et aussi à un vecteur unitaire arbitraire k :

$$r_2 = k \times r_1 \text{ (produit vectorielle dans l'espace)}$$

➤ L'axe z est orthogonal au plan (xy) et donc s'écrit :

$$r_3 = r_1 \times r_2$$

Le vecteur k fixe la position de l'axe y dans le plan orthogonal à x.
Pour s'assurer que les caméras virtuelles regardent dans la même direction que les caméras d'origine, on prend k dans la direction des axes optiques de l'une des caméras d'origine.
On suppose que les deux caméras virtuelles ont les mêmes paramètres intrinsèques. Avec la technique de rectification précédente, la composante horizontale du centre des deux images peuvent être différentes. On peut exploiter ce degré de liberté pour centrer les deux images rectifiées en appliquant une translation horizontale adéquate.

Pour tout point M de l'espace 3D qui se projette en m_{ol} dans l'image actuelle et m_{nl} dans l'image rectifiée, il existe deux paramètres λ_0 et λ_n tels que :

$$M = C_1 + \lambda_0 P_{3\times3, ol}^{-1} m_{ol}$$
$$M = C_1 + \lambda_n P_{3\times3, nl}^{-1} m_{nl}$$

Et donc :

$$m_{nl} = \frac{\lambda_0}{\lambda_n} P_{3\times3, nl} P_{3\times3, ol}^{-1} m_{ol}$$

L'homographie de rectification est une transformation du plan projectif (homographie) et est donc définie à un facteur d'échelle près.

$$H_1 = P_{3\times3, nl} P_{3\times3, ol}^{-1}$$

Comme on dispose dans ce paragraphe des paramètres intrinsèques et extrinsèques pour faire la rectification, on peut ensuite, (en utilisant P_{nl} et P_{nr}) faire une triangulation afin de retrouver la profondeur de chaque appariement stéréo dense. Dans les paragraphes suivants, on supposera ne pas connaître ces paramètres du capteur stéréo, ce qui complique considérablement la tache de rectification.

2.2.2. Appariement de points d'intérêts

Nous avons besoin dans les deux chapitres qui suivent d'avoir un appariement de points d'intérêts entre deux images stéréoscopique. Pour le cas projectif cela nous permet de calculer la matrice fondamentale (cf. annexe 1), c'est à partir de cette matrice que l'on pourra calculer les homographies de rectification de l'image. On a aussi besoin de cet appariement dans le cas quasi-euclidien car c'est cet ensemble de points qui permettra la construction de la fonction à optimiser afin de calculer les homographies de rectification.
L'appariement de point d'intérêts entre deux images stéréoscopiques ou bien deux images successives d'une unique vidéo est une tache de base dans les applications de vision par ordinateur. Cette tache doit être réalisée de manière entièrement automatique.

Nous allons indiquer brièvement les deux techniques que nous avons utilisées pour détecter des points d'intérêts. La première est la plus performante et utilise l'algorithme SIFT ("Scale Invariant Feature Transform ") pour détecter et décrire des points d'intérêts locaux dans une image. L'algorithme a été publié et breveté par David Lowe [3].
Cet algorithme permet aussi de faire un appariement de points d'intérêts entre deux images stéréoscopiques (problème non dense).

Figure 6 : exemple d'appariement gauche-droite de 75 points avec SIFT

La deuxième approche est plus classique et consiste à utiliser un détecteur de Harris afin d'extraire de l'image des points caractéristiques comme les coins d'objets de cette image. Ensuite l'appariement est effectué par corrélation comme dans P.H.S. Torr [4], c'est-à-dire que l'on sélectionne l'ensemble des pixels dans une fenêtre centrée autour d'un point d'intérêt de l'image gauche et on cherche la fenêtre correspondante centrée autour d'un point d'intérêt dans l'image de droite en prenant la corrélation maximale.

Nous avons choisi la méthode SIFT qui est beaucoup plus robuste que la deuxième méthode.

Le but de l'appariement de points stéréoscopiques est de faire un "calibrage faible" du capteur stéréoscopique, c'est-à-dire de calculer la matrice fondamentale. Cette matrice nous donne la contrainte épipolaire. C'est cette matrice que l'on va utiliser pour calculer les homographies de rectification dans le cas projectif du paragraphe ci-dessous.

2.2.3. Calcul des homographies de rectification

Dans les deux paragraphes suivants, on va donner les algorithmes de rectifications d'images. Dans le cas projectif, on a suivi les idées de Richard I. Hartley [5] et pour le cas "quasi-euclidien" celle d'Andrea Fusiello [6].

2.2.3.1. Cas projectif

L'idée ici est de trouver deux transformations projectives H_l et H_r de l'image gauche et de l'image droite vérifiant les deux conditions suivantes :

➢ Les droites épipolaires des deux images sont horizontales.
➢ Les couples de points correspondants sont le plus proche possible (disparité minimale sur l'ensemble des points).

La deuxième condition minimise la distorsion due à la rectification projective.
Voici les étapes de l'algorithme :

1) On cherche un ensemble de points en appariement entre les deux images (il en faut au minimum 7) à l'aide de l'algorithme SIFT.

2) On calcule la matrice fondamentale à l'aide d'un des nombreux algorithmes disponibles dans la littérature spécialisée. Cette matrice permet de trouver les épipoles.

3) On calcule une transformation projective H_l qui envoie l'épipole correspondant à l'infini afin de rendre les droites épipolaires horizontales.

4) On calcule H_r afin que la distance euclidienne suivante soit minimale pour réduire au mieux la distorsion projective :

$$\sum_i dist_2 \left(H_l(u_i, v_i), H_r(u_i', v_i') \right)$$

$(u_i, v_i), (u_i', v_i')$ sont deux pixels image en appariement gauche-droite et $dist_2$ est la distance euclidienne dans un plan.

5) On ré échantillonner les images après les transformations projectives H_l et H_r.

On pourra voir un exemple de rectification projective dans le paragraphe solutions et réalisations ci-dessous. On voit que la distorsion est non négligeable malgré l'étape 4) de minimisation de celle-ci.

2.2.3.2. Cas quasi-euclidien

Ici l'algorithme prend en entrée un ensemble d'appariement de couples de points entre l'image gauche et l'image droite (algorithme SIFT) et retourne les 2 homographies de rectification.
Cet appariement permet de minimiser une fonction d'énergie (erreur de Sampson) construite à partir de la matrice fondamentale. On cherche à optimiser cette énergie dans un espace composé de 6 paramètres (5 angles de rotations et une focale).
Décrivons maintenant plus en détail l'algorithme. On note $\theta_x^l = 0, \theta_y^l, \theta_z^l$ les angles de rotations de la caméra gauche, $\theta_x^r, \theta_y^r, \theta_z^r$ les angles de la caméra droite et f la focale. Les matrices des paramètres intrinsèques des anciennes caméras sont données par :

$$K_{ol} = \begin{pmatrix} f & 0 & w/2 \\ 0 & f & h/2 \\ 0 & 0 & 1 \end{pmatrix}$$

$$K_{ol} = K_{or}$$

On calcule ensuite les matrices de rotations données par les angles à l'aide de la formule d'Euler :

$$R(\theta_x, \theta_y, \theta_z) = \begin{pmatrix} 1 & 0 & 0 \\ 0 & \cos(\theta_x) & -\sin(\theta_x) \\ 0 & \sin(\theta_x) & \cos(\theta_x) \end{pmatrix} \begin{pmatrix} \cos(\theta_z) & -\sin(\theta_z) & 0 \\ \sin(\theta_z) & \cos(\theta_z) & 0 \\ 0 & 0 & 1 \end{pmatrix} \begin{pmatrix} \cos(\theta_y) & 0 & \sin(\theta_y) \\ 0 & 1 & 0 \\ -\sin(\theta_y) & 0 & \cos(\theta_y) \end{pmatrix}$$

Et donc : $R_l = R(0, \theta_y^l, \theta_z^l)$ ainsi que $R_r = R(\theta_y^r, \theta_y^r, \theta_z^r)$
La matrice fondamentale s'écrit alors :

$$F = \left(K_{or}^{-1}\right)^t R_r^t \begin{pmatrix} 0 & 0 & 0 \\ 0 & 0 & -1 \\ 0 & 1 & 0 \end{pmatrix} R_l K_{ol}^{-1}$$

A partir de cette matrice et des points en appariement gauche-droite, on construit la fonction de coût à minimiser afin d'obtenir les homographies de rectification.
Si on note $(m_l^j)_j$ et $(m_r^j)_j$ l'ensemble des pixels en correspondance dans les deux images stéréoscopique, l'erreur de Sampson d'indice j est la "distance" du point m_r^j à la droite épipolaire correspondant au point m_l^j, c'est-à-dire la droite ayant pour équation $ax + by + c = 0$ où les coefficients (a,b,c) sont donnés par Fm_l^j. Cette erreur s'écrit donc :

$$E_j = \frac{(m_r^{jT} F m_l^j)^2}{\left\|[u_3]_\times F m_l^j\right\|^2 + \left\|m_r^j F [u_3]_\times\right\|^2}$$

avec

$$[u_3]_\times = \begin{pmatrix} 0 & -1 & 0 \\ 1 & 0 & 0 \\ 0 & 0 & 0 \end{pmatrix}$$

$[u_3]_\times Fm_l^j$ représente donc la norme du vecteur orthogonal à la droite épipolaire Fm_l^j. On voit aussi que la fonction E_j est symétrique.

On utilise l'algorithme d'optimisation non-linéaire de Levenberg-Marquardt pour trouver les meilleurs paramètres (5 angles et une focale) de minimisation de la fonction de coût (énergie) aux moindres carrés :

$$E = \sum_j (E_j)^2$$

La technique est de forcer ensuite les homographies de rectification à avoir la même structure que dans le cas calibré (Euclidien), c'est-à-dire :

$$H_r = K_{nr} R_r K_{or}^{-1}$$

$$H_l = K_{nl} R_l K_{ol}^{-1}$$

On obtient à cause du programme d'optimisation non-linéaire, une instabilité dans la solution optimale. Une autre cause d'instabilité est la construction de la fonction à optimiser à partir de l'appariement de points d'intérêts, en effet cet appariement peut évoluer au cours du temps dans le cas du traitement d'une vidéo.

2.2.4. Solutions et réalisations

Nous allons expliquer les raisons de notre choix entre les trois types de rectification possibles, euclidienne, projective et quasi-euclidienne. Ce choix a été guidé par des contraintes au niveau de l'acquisition des différents contenus vidéo que nous avons eu à traiter. En effet la géométrie du capteur est la suivante (voir figure 5) :

> ➢ Les deux axes optiques sont coplanaires
> ➢ Les deux axes optiques se coupent en un point à distance finie (caméras convergentes)
> ➢ Ce point est à égale distance des deux centres optiques
> ➢ Les deux focales sont égales

Soit pour résumé le triangle $(OC_l C_R)$ de la figure 5 est équilatéral.

On peut faire deux types de rectifications géométriques : projective et euclidienne. Malheureusement sans les paramètres intrinsèques et extrinsèques des caméras la rectification euclidienne reste difficile, voir théoriquement impossible. Dans son article P Sturm [7] parle de configuration géométrique (cas de la figure 5) singulière pour l'auto-calibrage. C'est notamment le cas pour tous les contenus disponibles sur lesquels nous travaillons qui ont été capturés par des caméras stéréoscopiques convergentes.

Nous montrons dans les tests ci-dessous les raisons de notre choix de la rectification.

Ces tests sont effectués avec un même couple d'images stéréoscopiques non rectifié. Puis on calcule la carte de disparités sur les trois couples d'image suivants :

- ➢ Couple non rectifié
- ➢ Couple rectifié de manière projective
- ➢ Couple rectifié de manière "quasi-euclidienne"

Dans chaque cas on utilise exactement le même programme de calcul de la carte de profondeurs (décris dans le paragraphe section 3.2.).

Figure 7 : image stéréo non-rectifiée gauche-droite

Figure 8 : images rectifiées (projectif)

Figure 9 : images rectifiées ("quasi-euclidien")

Figure 10 : carte de profondeurs sans rectification

Figure 11 : carte de profondeurs avec rectification projective

Figure 12 : carte de profondeurs avec rectification "quasi-euclidienne"

Si on utilise une rectification projective, on obtient une distorsion de la profondeur que l'on n'a pas en utilisant la rectification "quasi-euclidienne" qui permet en même temps une annulation de la disparité verticale.
Nous avons donc fait le choix d'une rectification « non-calibrée » « quasi-euclidienne » qui annule la disparité verticale et qui introduit le moins possible de distorsion dans l'image.

Les raisons suivantes peuvent aussi être données pour motiver ce choix :

> La possibilité de trouver de nombreux algorithmes disponibles qui cherche à faire l'appariement dans la direction horizontal

> Relation simple entre la disparité et la profondeur

> De pouvoir utiliser directement le format 2D+profondeur pour l'écran Philips

> Suivre la future normalisation MPEG/AVC

> Avoir un meilleur confort de visualisation car la présence de disparité verticale accentue la fatigue visuelle ressentie par l'utilisateur lors d'une visualisation en relief

Remarque1 : On peut remarquer que la rectification "quasi-euclidienne" apporte une cohérence géométrique de l'image par rapport aux images non-rectifiées initiales. On peut le voir par rapport à l'inclinaison de la colonne à droite de l'image. Dans le cas non-rectifié, cette colonne est inclinée mais pas dans le cas rectifié de manière "quasi-euclidienne".

Remarque2 : On aurait pu utiliser la rectification projective pour calculer la disparité horizontale et verticale et ensuite faire une triangulation afin d'obtenir la profondeur, mais il faut pour cela avoir les paramètres β (angle), b (distance entre les caméras) et f (focale) de la figure 5.

Remarque3 : La rectification permet aussi d'éviter cette étape de triangulation, étape lourde en temps de calculs pour une carte de profondeurs dense et source d'erreurs (résolution numérique d'un système linéaire d'équation au sens des moindres carrés).

2.2.5. Conclusion

Cette étape nous a permis de valider qu'il est important de rectifier les images. On obtient en effet des cartes de disparité meilleure grâce au fait que l'on a annulé la disparité verticale.

Cette étape de rectification présente cependant quelques inconvénients. Il faut notamment retailler l'image car elle a été modifiée par l'homographie de rectification. On perd donc de l'information par rapport à l'image d'origine. Dans la pratique on perd seulement très peu d'information sur les bords de l'image.

Un autre problème important est l'instabilité de l'approche. Cela ne se remarque pas sur un seul couple d'images mais cela pose un problème pour le traitement de la vidéo.

Dans la plupart des contenus stéréoscopiques, on ne dispose pas des informations de calibrages des caméras (paramètres intrinsèques et extrinsèques) en temps réel. On doit donc faire une rectification en utilisant un calibrage faible (calcul de la matrice fondamental). On calcule donc les homographies de rectifications à partir d'appariement de points d'intérêts. Comme ces couples de points d'intérêts changent dans le temps, les homographies ne sont pas stables même si les caméras sont restées fixes entre elles. On utilise donc dans la pratique un seul couple d'images pour calculer les homographies qui vont servir à la rectification de toute une séquence où les caméras sont restées fixes entre elles.

Ce problème devient encore plus complexe si l'acquisition des deux vidéos stéréoscopiques est effectuée avec des paramètres intrinsèques et extrinsèques variables:

> focale
> écart entre les deux caméras
> angle entre les deux axes optiques

La solution à ce problème est d'avoir un système entièrement motorisé qui peut retourner en temps réel les paramètres précédents.

Afin d'être encore plus rigoureux, il faudrait planifier en plus un calibrage de "laboratoire" à l'aide de mires pour calculer très précisément les distorsions optiques en fonction de la focale utilisée.

2.3. <u>Disparité-Profondeur</u>

Dans le chapitre précédent nous avons expliqué le problème géométrique lié à la capture stéréoscopique. On a aussi donné la relation entre disparité et profondeur. On utilisera indifféremment dans la suite ces deux termes.
Nous allons maintenant décrire le problème de l'appariement stéréoscopique, c'est-à-dire la construction d'une carte de disparités dense. L'appariement est cette fois dense, i.e. que l'on recherche un appariement pour chaque pixel de l'image et non pas seulement pour quelques points d'intérêts. L'objectif ici est d'attribuer une valeur de disparité/profondeur à chaque pixel de l'image gauche par exemple. C'est un problème qui reste très difficile si on a pour objectif d'obtenir une carte parfaite en temps réel. Cependant nous nous sommes concentrés dans un premier temps sur la qualité de l'image de profondeur obtenue et non pas sur le temps de calculs.
Etant donné un pixel de l'image gauche, on doit trouver son correspondant (s'il existe) dans l'image de droite. En générale, on minimise une fonction de comparaison (d'énergie ou encore de coût) par des techniques d'optimisation discrète ou bien continue.

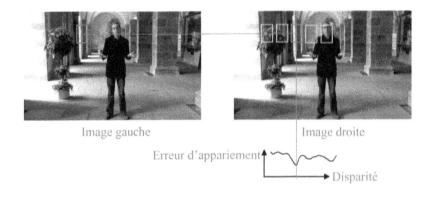

Figure 13 : appariement (matching) gauche-droite

Nous dirons qu'un pixel en occultation est un pixel de l'image gauche (resp. droite) n'ayant pas de correspondant dans l'image droite (resp. gauche). On ne peut donc pas attribuer de manière parfaitement rigoureuse une valeur de disparité/profondeur à certains pixels.

Nous présentons dans ce chapitre un rapide état de l'art des algorithmes disponibles actuellement. Ces algorithmes donnent pour la plupart du temps une carte de disparités entre deux images stéréoscopiques si on donne en entrée du programme l'intervalle de disparité des pixels en appariement dans l'image. Il faut donc connaître au préalable la disparité min et max pour chaque image dans une vidéo.

Malheureusement, ces algorithmes ne gèrent pas les problèmes à résoudre suivants :

➢ gestion des occultations

➢ approximation "continue" de la carte de profondeurs ou super-résolution de cette carte (régularisation intra image)

➤ instabilité temporelle de la carte de profondeurs dans une vidéo (régularisation inter image)

Dans la suite on détaillera les solutions et réalisations pour résoudre ces problèmes.

2.3.1. Etat de l'art rapide pour un couple d'images

Dans ce paragraphe nous justifions notre choix d'un algorithme stéréo de base donnant la carte de disparités dense avec la zone en occultation. Chaque algorithme gère à sa manière cette zone en occultation. Cette question sera abordée dans le paragraphe suivant.

Nous avons testé de nombreux algorithmes ayant un code source disponible sur différents types d'images stéréoscopiques :

➤ Image test avec "ground truth" (vérité terrain) disponible (couple stéréo déjà rectifié)
➤ Image synthétique (couple stéréo déjà rectifié)
➤ Image réel non-rectifiée ("parlement de Bretagne")

Les algorithmes que nous avons testé font partie des techniques les plus classiques de l'état de l'art actuel. Pour une étude exhaustive le lecteur pourra se reporter à R. Szeliski [8]. On a utilisé principalement trois types d'algorithmes. Les coupures de graphes comme dans Vladimir Kolmogorov [9], la propagation de croyance comme dans Huttenlocher [10] et un algorithme utilisant la programmation dynamique (pixel to pixel) comme dans Stan Birchfield [11].

Ci-dessous les résultats avec les temps de calculs (en seconde) et la légende suivante :

➤ GC : graph cut (coupure de graphe)
➤ BP : belief propagation (propagation de croyance)
➤ GT : ground truth (vérité terrain)
➤ PtoP : pixel to pixel

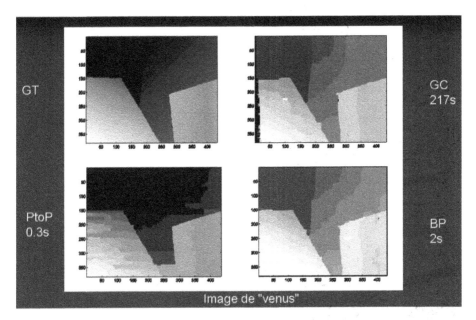

Figure 14 : test avec le couple d'images "venus" et comparaison avec la vérité terrain

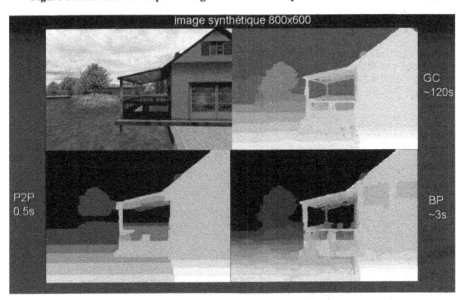

Figure 15 : test avec un couple d'images synthétiques

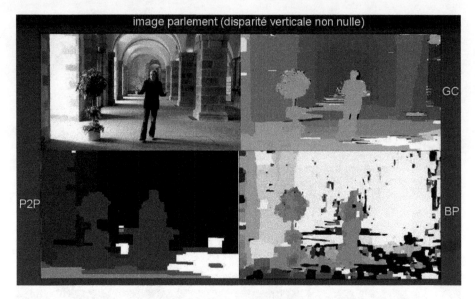

Figure 16 : images stéréo réels non rectifiées "parlement de bretagne"

On peut voir qu'il y a un compromis entre la qualité obtenue et le temps de calculs. Afin de privilégier la qualité on utilise donc l'algorithme des coupures de graphes. On obtient une carte avec des valeurs de disparité discrètes pour la disparité horizontale. Nous renvoyons ici aux documents associés et au chapitre suivant pour une description de l'algorithme d'optimisation et la fonction à minimiser. Dans la plupart des algorithmes, on doit au préalable connaître l'intervalle de disparité. En effet la connaissance de cet intervalle facilite le processus d'optimisation : on sait ainsi dans quel intervalle se situe la variable à optimiser. Cet intervalle peut évoluer dans le temps et on ne peut donc fixer les bornes min et max pour toute une vidéo, en effet des objets peuvent surgir dans le champ de la caméra et/ou la focale peut varier et/ou le cameraman peut se déplacer. Pour résoudre se problème on peut utiliser l'algorithme SIFT décrit dans le chapitre sur la rectification afin de connaître, à partir d'un ensemble discret de points en appariement, la disparité min et max pour chaque couple d'images d'une vidéo stéréoscopique.

Donnons maintenant deux remarques supplémentaires qui confirment notre choix en faveur de l'algorithme des coupures de graphes.

Remarque 1 : on peut voir que la propagation de croyance est de moins bonne qualité que l'algorithme des coupures de graphes. Pour cet algorithme, il est utile d'avoir une carte de profondeurs d'initialisation pour pouvoir améliorer le résultat. Cette initialisation n'est pas utile pour l'algorithme des coupures de graphes.

Remarque 2 : il existe des implémentations (code source disponible) avec des algorithmes parallèles pour les coupures de graphes. Ces implémentations (méthode "push-relabel") sur carte graphique (GPU) sont nettement plus rapides que l'implémentation sur CPU d'après Narayanan [12]. On peut aussi exprimer comme Arvind Bhusnurmath dans [13], le problème des coupures minimales comme un problème d'optimisation linéaire, on a alors à notre disposition de nombreuse implémentation possible (notamment sur GPU).

2.3.2. Description de l'algorithme d'appariement

Nous avons donc choisi d'utiliser la technique des coupures de graphes pour résoudre le problème d'appariement stéréoscopique. Nous décrivons dans un premier temps la construction de la fonction à optimiser et montrons que l'on peut trouver le minimum global de cette fonction en trouvant le flot maximal (ou bien la coupure minimale) dans un graphe construit à partir de cette fonction. La rédaction s'appuie sur l'article de Sylvain Paris [14] et Yuri Boykov [15].

2.3.2.1. Fonction et minimisation d'énergie

Nous expliquons ici comment on peut associer le problème de minimisation d'une fonction discrète au problème de la détermination du flot maximal dans un graphe.
Le problème du flot de graphe est un problème algorithmique classique. Historiquement, il s'agit de la formulation d'un problème simple d'écoulement d'eau dans un réseau de tuyaux. On présente dans un premier temps ce problème afin de donner une intuition de la formulation plus théorique. Le problème posé est le suivant. Etant donnée une source d'eau de débit infini, un puits de contenance infinie et un réseau de tuyaux reliant la source au puits, on cherche alors le flot (débit) maximum que l'on peut faire passer à travers le réseau. Intuitivement, on peut voir le réseau comme un barrage entre la source et le puits qui ne laisse passer qu'un certain débit. Le flot est alors restreint par le réseau qui possède un "goulot d'étranglement". Dans le meilleur des cas, si tous les tuyaux du réseau sont pleins d'eau, le flot est égal à la somme de leurs capacités (max flot). Le goulot d'étranglement correspond alors à un ensemble de tuyaux qui sépare la source du puits dont la somme des capacités est minimale (min cut).
Il y a un théorème démontrant formellement l'équivalence entre ces deux notions : le théorème du flot maximal (max flow) et des coupures minimales (min cut).

Théorème (min cut/max flow) : dans le cas où tous les tuyaux du goulot d'étranglement sont pleins alors la valeur du flot maximum est égale à la capacité minimale d'un ensemble séparateur. Trouver l'une ou l'autre de ces valeurs sont donc deux problèmes liés.

Ce théorème dit qu'il ne peut pas passer plus d'eau à travers le réseau que le goulot d'étranglement ne le permet. On trouvera la démonstration de ce théorème dans [16]. L'intérêt majeure de ce résultat est de montrer qu'en utilisant des algorithmes qui calculent le flot maximum, on trouve la coupure minimale.

Les algorithmes (en temps polynomial) qui résolvent le problème du flot maximal se divisent en deux classes :

> Les algorithmes basés sur la méthode de Ford Fulkerson [17].
> Les algorithmes basés sur la méthode de "push relabel" [18].

L'idée est donc de créer un graphe de manière à ce qu'une coupure représente une fonction et la valeur de cette coupure représente une énergie associée à cette fonction. En trouvant la coupure minimale, on aura donc calculé la fonction qui minimise cette énergie. Donnons pour illustrer cela un exemple simple en une dimension sachant que le problème de la stéréo sera en deux dimensions.

Soit une fonction en une dimension pouvant prendre deux valeurs y_1 et y_2 en trois points x_1, x_2 et x_3. Pour définir une énergie sur f, on introduit une fonction de coût $c(x, y) > 0$ qui représente l'énergie du choix $f(x) = y$ et une fonction de pénalité $p(f(x_i), f(x_{i+1}))$ pour

$i \in \{1,2\}$ qui représente notre souhait d'avoir des valeurs de f similaire pour des points proches (i.e. dans un même voisinage). Donc $p(f(x_i), f(x_{i+1}))$ est nulle si $f(x_i) = f(x_{i+1})$ et prend la valeur par exemple $p_0 > 0$ sinon.

On cherche f qui minimise la fonction d'énergie suivante :

$$E(f) = \sum_{i=1}^{3} c(x_i, f(x_i)) + \sum_{i=1}^{2} p(f(x_i), f(x_{i+1}))$$

On associe à cette fonction le graphe suivant :

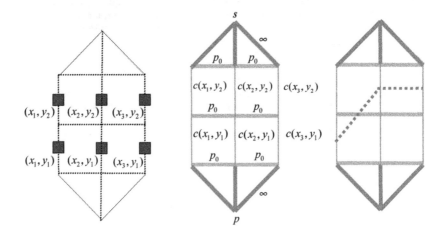

Figure 17 : graphe une dimension associé à f

A gauche, on a les différentes possibilités pour f et la structure du graphe en pointillés. Au milieu le graphe avec les capacités des arcs. A droite, un exemple de coupure.

La base du graphe est une grille dont les arcs sont bidirectionnels. A chaque position (x, y) on associe un arc vertical avec la capacité (attache aux données) $c(x, y)$, les arcs horizontaux correspondent à la fonction de pénalité (partie régularisante). Les arcs qui relient la source s à la grille et la grille au puits p ont une capacité infinie.

Si on étudie maintenant une coupure pour ce graphe (figure de droite), on peut faire les remarques suivantes :

> ➤ si elle coupe un arc qui est lié à la source ou au puits, elle aura une valeur infinie donc ne sera pas minimale.
> ➤ si on exclut ces coupures infinies, comme une coupure crée une partition des sommets, elle doit forcement passer par au moins un arc dont l'abscisse est x_i pour $i \in \{1, 2, 3\}$

➢ une coupure minimale ne coupe qu'un seul arc d'abscisse x_i car une coupure coupant deux tels arcs aurait une valeur plus élevée que si elle ne coupait que l'un des deux.

Une coupure qui satisfait ces trois remarques est dite potentiellement minimale : elle ne coupe aucun arc infini et ne coupe qu'un et un seul arc d'abscisse x_i.

Par conséquent, on peut construire une fonction f à partir d'une coupure potentiellement minimale : à partir de chaque arc (x_i, y_i) on déduit un point $f(x_i) = y_i$. Inversement, à partir d'une fonction f, on construit une coupure potentiellement minimale en coupant uniquement les arcs (x_i, y_i) tels que $f(x_i) = y_i$.

Donnons comme exemple la valeur de la coupure donnée dans le graphique à droite (pointillés rouges). Les arcs verticaux coupés forment exactement la somme $\sum_{i=1}^{3} c(x_i, f(x_i))$ et les arcs horizontaux coupés la somme $\sum_{i=1}^{2} p(f(x_i), f(x_{i+1}))$, en effet $p(f(x_2), f(x_3)) = 0$ car $f(x_2) = f(x_3)$.

En conclusion, si on calcule la coupure minimale du graphe de la figure ci-dessus, on trouve la fonction :

$$f_0 = \arg\min_f E(f)$$

On peut faire ici quelques remarques très importantes qui font du graph cut une technique très appropriée aux problèmes d'optimisation liés au traitement d'image :

➢ on a un calcul direct du résultat, on a utilisé aucune technique du type descente de gradient pour l'optimisation susceptible de bloquer dans un minimum local et donc nécessitant un initialisation proche de la solution. On obtient le minimum global de l'énergie.

➢ on peut bien sur exprimer la pénalité p_0 sous la forme d'une fonction plus complexe, par exemple $\alpha \left| \dfrac{\Delta f(x_i)}{\Delta x_i} \right|$ ce qui offre des possibilités d'expression géométrique de la pénalité.

➢ la fonction de pénalité p et le coefficient α peuvent être fonction de x_i. On peut ainsi introduire des contraintes plus souples. On peut affecter par exemple une pénalité plus importante au cas $f(x_1) \neq f(x_2)$ qu'au cas $f(x_2) \neq f(x_3)$ en prenant $\alpha(x_1) > \alpha(x_2)$.

Dans la suite nous expliquerons la construction de cette fonction d'énergie dans le cas de notre problème d'appariement stéréoscopique.

2.3.2.2. Le cas stéréoscopique

La description dans le paragraphe précédent peut être appliquée dans différents problèmes de vision par ordinateur et traitement d'images comme la restauration, la segmentation d'image ou encore d'autres problèmes qui s'expriment par une minimisation de fonction. Nous décrivons ici le problème de la stéréo, c'est-à-dire la fonction discrète à optimiser dans ce cas. Le problème stéréo est plus difficile à cause de la présence de parties en occultations dans les images. Rappelons encore que les occultations apparaissent quand un point 3D n'est visible que dans une seule image. Typiquement, ces occultations se trouvent au voisinage des discontinuités de la carte de profondeurs. On peut alors modifier la modélisation du problème en ajoutant à l'énergie qu'il faut minimiser, une pénalité. L'entité de base n'est plus le pixel mais des couples de pixels qui se correspondent ou non.

Cette fonction d'énergie va comportée trois parties :

> le coût de l'attache aux données
> la partie de régularisation
> la partie qui gère le problème des occultations

Ces trois parties s'écrivent donc :

$$E(f) = E_{data}(f) + E_{occ}(f) + E_s(f)$$

où

$$E_{data} = \sum_{l(p,q)=1} D_{(p,q)}$$

est le terme d'attache aux données qui impose une pénalité basée sur la différence d'intensité entre deux pixels gauche-droite p et q.
$l(p,q) = 1$ si les pixels se correspondent, $l(p,q) = 0$ sinon.

$$E_s = \sum_{\{(p,q),(p',q')\} \in N} K_{\{(p,q),(p',q')\}}.T(l(p,q) \neq l(p',q'))$$

est le terme de régularisation (lissage) des données qui impose à deux pixels adjacents d'avoir une disparité relativement proche sauf pour deux pixels ayant un gradient de disparité fort.

$$E_{occ} = \sum_{p \in I_1 \cup I_2} C_p.T(p)$$

où p est en occultation. C'est le terme qui impose une pénalité pour un pixel p en occultation dans les deux images stéréo I_1 et I_2. $T(.)$ est une fonction indicatrice dans E_s et E_{occ}.

L'application de cette technique de graph cut donne de bon résultat, on peut cependant faire les critiques suivantes :

> défaut de stabilité temporelle dans l'affectation des profondeurs sur les images successives d'une vidéo
> il y a beaucoup d'erreurs d'affectation dans la zone en occultation
> les cartes de disparité représentent les objets de manière aplatie (manque de détails).

Dans les paragraphes suivants, nous proposons de résoudre les deux premiers problèmes.

2.3.3.   Solutions et réalisations

2.3.3.1.   Post-traitements pour la gestion des occultations

Le but de cette section est de décrire un procédé de remplissage des zones d'occultation pour les cartes de disparités et de profondeurs. En effet, une détection des pixels en occultation de mauvaise qualité propage des mauvaises valeurs et fait perdre des détails. Ces erreurs sur la carte de profondeurs produisent ensuite des vues reconstruites de mauvaises qualité.

Les solutions existantes de gestion des zones de découvrements se sont plutôt focalisées sur la détection lors de la mise en correspondance [9] ou sur le remplissage des trous mais dans les images prédites, ou reconstruites à partir des cartes, plutôt que dans les cartes de profondeurs ou de disparités elles-mêmes. Les approches proposées jusqu'à présent exploitent donc peu voire pas du tout les spécificités des cartes de profondeurs et ne gèrent pas les erreurs dans les zones d'occultation et/ou ajoutent du flou sur les bords des objets. Or la qualité des cartes de disparités et de profondeurs et notamment la précisions sur les contours des objets est cruciale car les artefacts ou la perte de détails provoquent des incohérences dans les images reconstruites et lors de la visualisation en relief (et ceci quelque soit l'application finale souhaitée) et nuisent à la qualité des images prédites et donc à l'efficacité de la compression exploitant ces cartes.

Pour mieux comprendre l'intérêt de cette invention, donnons un état actuel des connaissances publiées sur le sujet.

L'invention se place dans le cadre de l'estimation de cartes de disparité ou de profondeurs à partir d'au moins deux images de la même scène provenant de vidéos stéréoscopiques ou multivues ou encore correspondant à des instants temporels différents d'une même vidéo.

Figure 18 : Exemple d'un couple d'images stéréoscopiques à partir duquel une carte de profondeurs est estimée

L'extraction de cartes de disparité ou de profondeurs à partir d'une ou plusieurs vidéos a suscité de nombreux travaux [8, 19, 20, voir aussi l'état de l'art en 2.3.1] et les approches les plus performantes permettent de reconstruire des cartes d'une qualité tout à fait acceptable. Des optimisations ont également été proposées afin d'améliorer la qualité des vues reconstruites à partir de ces cartes de profondeurs par un filtrage asymétrique ou non uniforme [21]. En revanche la gestion des zones qui ne sont pas communes à plusieurs images est un problème qui a peu été traité en dehors des travaux sur la gestion des zones non prédites dans les algorithmes de compression vidéo.

Figure 19 : Exemple d'image de disparité estimée à partir de l'algorithme des coupures de graphe.

Les zones en blanc de la figure ci-dessus correspondent aux zones d'occultation détectées par l'algorithme de V. Kolmogorov pour lesquelles une valeur n'a pas pu être déterminée faute de correspondants dans les 2 images. (Les résultats ont été obtenus avec l'implémentation disponible sur le site de l'auteur Vladimir Kolmogorov http://www.adastral.ucl.ac.uk/~vladkolm/software.html#MATCH)

Le but est de détecter et/ou de combler les trous correspondant à de l'information manquante dans les zones dites d'occultation. Pour les applications de compression d'images des techniques ont été développées pour remplir ces parties de l'image correspondant à des découvrements en propageant l'information issue des pixels voisins. Les trous sont donc comblés par padding en dupliquant le pixel voisin le plus pertinent ou une combinaison de plusieurs pixels voisins ou encore en utilisant des algorithmes type "feu de prairie". Une solution plus spécifique aux cartes de profondeurs a été proposée [22] reposant sur un remplissage par une diffusion non linéaire, i.e. un lissage gaussien combiné à une détection des bords.
Enfin des approches ont également été proposées pour remplir les trous dans les images reconstruites à partir des cartes de profondeurs mais non ceux présents dans les cartes de profondeurs [23, 24].

Présentons à présents les inconvénients des techniques antérieures dans la gestion des parties en occultations.

Figure 20 : résultat après remplissage des parties en occultations

La carte de profondeurs ci-dessus est obtenue avec l'algorithme des coupures de graphe avec remplissage des zones d'occultation par un parcours ligne par ligne de l'image en remplissant avec la valeur du premier pixel non occulté rencontré (Les résultats ont été obtenus avec l'implémentation disponible sur le site de l'auteur Vladimir Kolmogorov http://www.adastral.ucl.ac.uk/~vladkolm/software.html#MATCH).

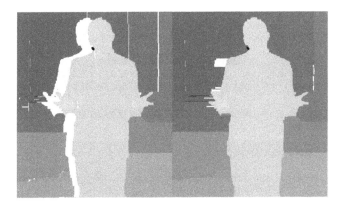

Figure 21 : Détail de la carte obtenue par l'algorithme de coupure de graphes avant et après remplissage des zones d'occultation

On peut voir que les erreurs ont deux causes principales:

> ➢ des pixels de la zone d'occultation pour lesquels une valeur a été affectée par erreur et qui perturbent le remplissage

> ➢ la propagation de mauvaises valeurs qui provoquent comme autour de la main droite une perte importante de détails.

Avant d'expliquer en détails l'invention, rappelons en brièvement le but et montrons le résultat sur notre exemple.

L'approche proposée est un post-traitement pour gérer efficacement les occultations dans les cartes de disparités ou de profondeurs estimées à partir d'au moins deux images ou obtenue par prédiction à partir d'une autre vue dans les algorithmes de compression basé prédiction inter-vues. L'invention permet d'améliorer les cartes reconstruites en gérant efficacement les zones pour lesquelles une information de disparité ou de profondeur n'a pas pu être estimée, faute de correspondants dans plusieurs images. Une première régularisation permet d'éliminer les erreurs provenant de l'estimation des valeurs, i.e. les outliers présents dans les zones d'occultation ainsi que les gros artefacts présents dans l'image grâce à une uniformisation locale qui conserve les détails des contours des objets. Le remplissage des trous se fait ensuite en exploitant les caractéristiques des cartes. Le traitement proposé s'applique aussi bien pour les cartes de profondeurs que pour les cartes de disparités qui correspondent à des données inversement proportionnelles.

Figure 22 : résultat final obtenu

Les améliorations sont notamment visibles autour de l'épaule et de la main droite.

Passons maintenant à la description détaillée de l'invention ainsi qu'aux éléments techniques essentiels.

Le traitement proposé repose sur 3 étapes:

 ➢ La régularisation des zones d'occultation par un filtrage morphologique visant à éliminer les outliers présents et dus à des erreurs lors de l'estimation des profondeurs. Ce lissage des erreurs dans la zone d'occultation permet d'éviter que les erreurs ne soient propagées par le remplissage exploitant les valeurs du voisinage.

 ➢ Un filtrage spécifique appliqué à toute la carte de profondeurs afin d'éliminer les erreurs les plus grossières tout en conservant les détails sur les contours des objets. Cette uniformisation locale de la carte de profondeurs permet notamment de combler ou de fusionner les trous de très petite taille dus à des objets comportant de trop nombreux détails (ex: la plante verte)

 ➢ Le remplissage des zones d'occultation par un padding adapté tenant compte des propriétés des données traitées. La valeur issue du voisinage n'est propagée que si elle est cohérente par rapport aux autres profondeurs.

L'algorithme prend en entrée une carte de disparités ou de profondeurs dans laquelle les zones d'occultation n'ont pas été remplies. Cette carte peut être estimée à partir de plusieurs images ou bien obtenue par prédiction à partir d'une autre carte de la même scène. En sortie de l'algorithme on obtient la carte dans laquelle les trous ont été comblés efficacement.

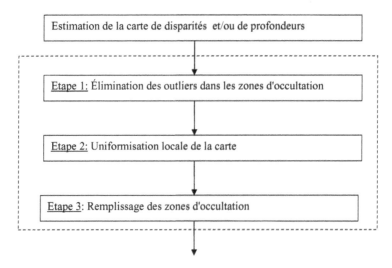

Figure 23 : Schéma du post-traitement proposé

Les cartes peuvent par exemple avoir été estimées par l'algorithme de coupure de graphes ou bien par un autre algorithme capable de détecter la zone en occultation.
Pour la première étape un filtre morphologique de fermeture est appliqué à la carte de profondeurs mais uniquement dans les zones d'occultation qui n'ont pas été remplies par l'algorithme d'estimation des profondeurs. Ce filtrage permet d'éliminer les outliers dans les zones d'occultation afin qu'ils n'en perturbent pas le remplissage comme c'est le cas sur les images de la figure 24.

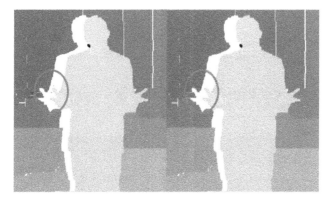

Figure 24 : Détails de la carte montrant un exemple d'artefacts correspondant à des erreurs d'affectation de valeur qui ont été supprimés par l'application du filtre morphologique dans les zones d'occultation

Lors de la deuxième étape un autre filtre est appliqué ensuite mais à toute l'image afin d'en éliminer les principaux outliers. Cela permet d'uniformiser localement la carte de profondeurs tout en préservant les détails sur les contours des objets. Ce traitement permet notamment de supprimer ou de fusionner les petites zones d'occultations dues aux objets très détaillés (arbres...) qui rendent les cartes de profondeurs très instables temporellement (dans le cas des vidéos).

Les outliers sont détectés par un parcours de l'image complète. Pour chaque pixel de l'image on considère un voisinage V correspondant à l'ensemble des voisins p_i contenu dans un bloc centré sur le pixel. Les voisins p_i à l'intérieur du bloc sont étudiés afin d'évaluer le nombre de pixels du bloc ayant une valeur similaire et ceux ayant une valeur différente.

Les blocs peuvent être des carrés de 7 pixels de coté par exemple mais la taille des blocs peut être modifiée par l'utilisateur en fonction de l'image ou de la séquence).

Les notions de similarité et de différence sont définies à des seuils s_1 et s_3 près afin de rendre le traitement plus robuste.

Les pixels sont donc similaires si la différence entre leurs valeurs est inférieure à ce seuil s_1 (qui peut être fixé à 10 par exemple). On a donc la définition suivante, $v(p)$ étant la valeur en niveau de gris du pixel p :

$$\forall\ p_i \in V,\ p_i\ \text{et}\ p\ \text{sont similaires} \Leftrightarrow \left| v(p) - v(p_i) \right| \le s_1$$

De même on définit la notion de différence à un seuil s_3 près (qui peut être fixé à 40 par exemple):

$$\forall\ p_i \in V,\ p_i\ \text{et}\ p\ \text{sont différents} \Leftrightarrow \left| v(p) - v(p_i) \right| \ge s_3$$

Pour chaque pixel considéré si le pourcentage de points similaires dans le bloc est inférieur à un seuil s_2 ou si le pourcentage des points différents est supérieur à un seuil s_4 alors le pixel est détecté comme un outlier (par exemple s_2=30% et s_4=60%). La valeur affectée à cet outlier est celle obtenue par un filtrage médian sur le bloc utilisé pour la détection.

On considère donc qu'un pixel est un outlier si : (# représente le cardinal d'un ensemble)

$$\frac{\#\left\{ p_i \text{ tel que } \left| v(p) - v(p_i) \right| \le s_1, \forall p_i \in V \right\}}{\#V} \le s_2 \quad \text{ou} \quad \frac{\#\left\{ p_i \text{ tel que } \left| v(p) - v(p_i) \right| \ge s_3, \forall p_i \in V \right\}}{\#V} \ge s_4$$

On choisit de remplacer ce pixel non-cohérent dans son voisinage par la valeur médiane de tous les pixels dans ce voisinage.

Les seuils peuvent bien sûr être modifiés par l'utilisateur en fonction de l'image ou de la séquence considérée.

Figure 25 : cartes avant et après l'uniformisation locale permettant de gérer les pixels non cohérents géométriquement avec leur voisinage

Une fois les outliers des zones d'occultation et de la carte de profondeurs éliminés il reste à remplir les zones d'occultation en propageant uniquement le fond pour limiter les artefacts. C'est la troisième étape et c'est là que se situe l'essentiel de l'invention.

Pour cela on effectue un parcours de toutes les lignes de l'image une à une de gauche à droite (resp. droite à gauche) si la carte de profondeurs correspond à l'image droite (resp. gauche).

On appelle pixel valide un pixel auquel est associée une valeur issue de l'estimation, i.e. qui n'appartient pas à une zone d'occultation.

Lorsqu'un pixel est identifié comme appartenant à une zone d'occultation on stocke la valeur de profondeur (resp. de disparité) $v(p_1)$ du dernier pixel valide p_1 rencontré sur la ligne puis on continue le parcours de la ligne jusqu'à rencontrer un pixel valide p_2 ayant une profondeur (resp. une disparité) $v(p_2)$ supérieure (resp. inférieure) à la valeur stockée $v(p_1)$. Les pixels non valides parcourus sont ensuite remplis avec la valeur médiane des n voisins valides de p_2 sur la ligne (par exemple n=5).

Cette recherche du premier pixel valide ayant une profondeur supérieur (resp. une disparité inférieure) se fait sur un intervalle dont la taille est fixée en nombre de pixels. La taille t de cet espace est fixée à 50 pixels par défaut mais peut être modifiée par l'utilisateur. Si aucun pixel valide ayant une profondeur supérieure (resp. disparité inférieure) n'est rencontré dans cet intervalle alors on affecte la valeur médiane des n voisins du premier pixel valide rencontré lors du parcours après la zone d'occultation.

Ce remplissage permet de propager les valeurs cohérentes uniquement puisque les zones d'occultation sont dues à un objet situé en avant et c'est donc la valeur du fond (i.e. de plus grande profondeur ou de plus petite disparité) qu'il faut utiliser pour remplir les trous. Exploiter cette propriété permet de conserver des détails comme les doigts de l'homme sur l'image de la figure ci-dessous par exemple.

Figure 26 : Carte obtenue après le remplissage des zones d'occultations

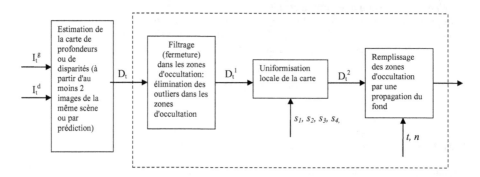

Figure 27 : Schéma du post-traitement proposé

En conclusion, toutes les applications exploitant des cartes de disparités et/ou de profondeurs peuvent bénéficier de l'apport en qualité de ce post-traitement. Comme on l'a déjà cité dans ce document il y a notamment la navigation virtuelle ou l'utilisateur choisit lui même le point de vue duquel il veut voir la scène. Les images correspondantes à ce point de vue sont ensuite reconstruites par reprojection de la carte de profondeurs texturée sur la position de caméra correspondante. Des modèles 3D peuvent également être reconstruit à partir de ces cartes de profondeurs.

Enfin et surtout le post-traitement permet d'améliorer les cartes issues de prédiction inter-vues pour les applications de compression par prédiction de vues exploitant des cartes de profondeurs. La solution MVC (multiview video coding) ne semblant finalement pas assez performante et adaptée pour les applications de navigation virtuelles, les organismes de normalisation JVT et MPEG étudient la compression de données MVD (multiview video and depth) composées de plusieurs vidéos et cartes de profondeurs associées. Dans ce type d'approche les cartes de profondeurs sont utilisées pour prédire les vues correspondant aux différentes vidéos pour limiter la transmission de redondances. La qualité des cartes prédites est donc déterminante puisque l'efficacité de la compression en dépend directement. Le post-traitement proposé peut donc être appliqué aux cartes de profondeurs utilisées pour la prédiction comme sur les cartes issues de l'estimation par stéréo afin d'améliorer l'efficacité de la compression.

La rédaction de cette dernière section reprend les idées qui ont fait l'objet d'un dépôt de brevet auprès de l'INPI (institut national de la propriété industriel).

2.3.3.2. Régularisation intra-image (filtrage spatial)

Nous décrivons dans cette section une technique de filtrage spatiale qui résout simultanément deux problèmes :

> ➢ Débruitage spatial de la carte de profondeurs.

> ➢ Aspect "continue" de cette carte (déquantification ou super-résolution)

On utilise l'idée donnée par Y. Tsin dans son article [25]. Dans cette article, la carte de disparités est calculée par optimisation continue d'une fonction d'énergie qui possède deux parties : une partie d'attache aux données (fitting term) et une partie de régularisation (smoothing term). Nous avons repris pour notre problème de régularisation spatiale, le terme proposé dans cet article qui régularise la solution. Rappelons ci-dessous, la méthode de filtrage décrite dans cet article.

Soit p_i le pixel de coordonnées (x_i, y_i) dans l'image de profondeur et $d_i^{(n)}$ sa profondeur à l'étape n du filtrage. Pour $i \neq j$, on a :

$$w_{ij}^{(n)} = \exp\left(-\frac{\left\|x_i - x_j\right\|^2}{2\sigma_x^2} - \frac{\left\|y_i - y_j\right\|^2}{2\sigma_y^2} - \frac{\left\|d_i^{(n)} - d_j^{(n)}\right\|^2}{2\sigma_d^2} \right)$$

$$d_i^{(n+1)} = \frac{\sum_{j\neq i, j\in V} w_{ij}^{(n)} d_j^{(n)}}{\sum_{j\neq i, j\in V} w_{ij}^{(n)}}$$

C'est un filtre itératif car le résultat de profondeur du pixel à l'étape (n+1) dépend du résultat de profondeur de ses pixels voisins à l'étape n.

Les points distants ont une contribution négligeable à cause de la forme de la gaussienne et on peut donc se contenter de calculer la contribution d'un point dans un voisinage. Cette restriction permet d'augmenter la vitesse de calculs. Dans la pratique le voisinage V est une fenêtre autour du pixel p_i de 10x10 pixels. Le but de ce filtre est de conserver les bords de l'image de profondeur, c'est-à-dire les lieux où le gradient de profondeur est important. En même temps il faut réduire le bruit dans cette carte et donner un aspect continu sur la surface qui correspond à un même objet de la scène. Nous avons fait des tests sur une image de profondeur vérité terrain quantifiée ainsi que sur une image de profondeur calculée afin de constater le comportement de ce filtre.

Figure 28 : images stéréoscopiques test "venus"

Figure 29 : vérité terrain de la disparité "venus" quantifiée et non-quantifiée

Appliquons d'abord le filtre sur la vérité terrain quantifiée pour savoir si on peut retrouver l'aspect continue de cette vérité terrain, notamment en respectant les bords de fort gradient. Les paramètres choisis sont : $\sigma_x = \sigma_y = 4$, $\sigma_d = 0.5$ et le nombre d'itération du filtre est de 10 itérations.

Figure 30 : vérité terrain après filtrage spatial de la vérité terrain quantifiée

On peut apercevoir encore la quantification. Cet effet peut être diminué en augmentant les paramètres $\sigma_x = \sigma_y$ et/ou le nombre d'itérations. Pour voir plus précisément le résultat, on trace ci-dessous le profil horizontal en y=177 pour la vérité terrain en rouge, pour la vérité terrain quantifiée en vert (image en entrée du filtre) et enfin sur l'image résultat après passage du filtre en noir.

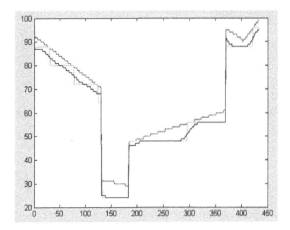

Figure 31 : reconstruction de l'aspect continue de la carte de profondeurs

Nous avons aussi testé ce filtre sur une image de profondeur calculée pour constater l'effet produit sur le bruit. Ci-dessous, à gauche on a une image de profondeur calculée où l'on peut voir la présence de bruit et à droite le résultat du filtre appliqué à cette image.

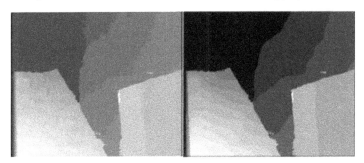

Figure 32 : application du filtre sur profondeur calculée

On a requantifié l'image résultat afin de voir la diminution du bruit le long des courbes de quantification.

En conclusion, nous pouvons dire que ce filtre répond parfaitement à nos attentes, l'algorithme est de plus parallèlisable car on peut filtrer indépendamment chaque pixel de l'image en tenant compte uniquement de son voisinage. Nous avons donc implémenté ce filtre sur carte graphique (programmation GPU) à l'aide de "shader" et du langage GLSL (cf annexe 2).

Le seul inconvénient est le réglage automatique des paramètres de ce filtre, mais la résolution de ce problème fait appel à des techniques qui dépassent le cadre de ce mémoire.

2.3.3.3. Régularisation inter-image (filtrage temporel)

Rappelons encore que pour l'instant, on a juste traité un film stéréoscopique comme une simple succession de couple d'images. C'est-à-dire que le calcul de la carte de profondeurs a été effectué indépendamment dans le temps sur chaque couple d'images. Lors de la visualisation il en résulte une instabilité temporelle très inconfortable (bruit temporel) car un même pixel a sa profondeur qui peut varier très fortement entre 2 images successives. Cela se retrouve sur les images reconstruites et il en résulte un scintillement très gênant pendant la visualisation.

Dans la suite, nous allons expliquer le principe de l'amélioration de la carte de profondeurs à l'aide des deux techniques suivantes :

➢ estimation du mouvement/compensation de mouvement
➢ filtrage temporel

L'idée est de faire un filtrage indépendant sur chaque pixel à l'aide des valeurs successives dans le temps de ce pixel. Mais les objets de la scène bougent ou bien les caméras bougent, ce qui veut dire que pour un pixel fixé, l'objet correspondant à ce pixel n'est pas forcement identique. On doit donc "recaler" chaque pixel afin de faire une moyenne des valeurs de profondeurs correspondant à un même objet de la scène.

Ce filtrage s'effectue grâce à une technique conjointe d'estimation et de compensation de mouvement. Donnons ci-dessous le principe général de ce filtrage avant de donner une explication pour chaque traitement.

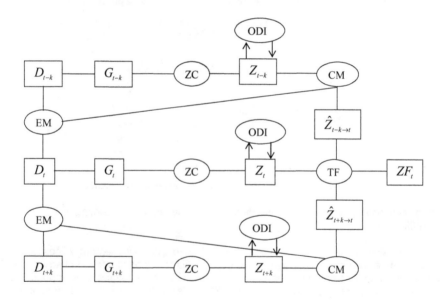

Figure 33 : schéma général du filtrage temporel

Légende :

➢ G_t : Image gauche à l'instant t

- D_t : Image droite à l'instant t

- Z_t : Image de profondeur à l'instant t

- ZC : calcul de la profondeur à partir de l'image gauche et droite

- ODI : détection des outliers comme décrit dans le brevet d'invention

- EM : estimation du mouvement par block-matching (corrélation normée ou autre solution) sur l'image couleur gauche

- CM : compensation de mouvement de la carte de profondeurs à l'aide du matching calculé dans EM

- $\hat{Z}_{t-k \to t}$: Image de profondeur prédite ("recalée") à partir de l'estimation de mouvement par compensation de ce mouvement sur l'image de profondeur gauche au temps $t-k$.

- ZF_t : Image de profondeur finale après application du filtre sur chaque pixel des profondeurs $\hat{Z}_{t-k \to t}, \hat{Z}_{t+k \to t}$ et Z_t

En sortie, on obtient donc une image régularisée après application du filtre temporel TF à partir des images :

- Image de profondeur calculée à t
- Image de profondeur prédite de t-k à t
- Image de profondeur prédite de t+k à t

TF fait une simple moyenne (filtre moyenneur) sur l'ensemble de valeurs temporelles pour un pixel donné. On peut à ce stade utiliser un autre filtre par exemple un filtre pondéré où on attribue plus de valeur (confiance) à la profondeur calculée qu'à la profondeur prédite.

Pour l'estimation de mouvement on calcule pour chaque bloc de l'image couleur à l'instant t son bloc correspondant dans les images couleurs aux instants :

t-k, ... t-3, t-2, t-1, et t+1, t+2, t+3, ... t+k

On recherche donc le bloc (par exemple 8 par 8 pixels) dans un voisinage en prenant le bloc correspondant au maximum de corrélation à l'aide de la fonction OpenCv (librairie open source d'intel) cvMatchTemplate et la méthode CV_TM_CCORR_NORMED, c'est-à-dire la méthode de corrélation normée.
On compense ensuite les cartes de profondeurs via l'information de mouvement de chaque bloc afin de "recaler" chaque image de profondeur :

t-k, ... t-3, t-2, t-1, et t+1, t+2, t+3, ... t+k

sur l'image de profondeur centrale à l'instant t.

On peut ensuite appliquer le filtre linéaire TF qui est la moyenne temporelle (avec 2*k +1 éléments temporels) sur chaque pixel de l'image. En pratique, on choisit k=4 afin de limiter les effets de bloc dans la carte de profondeurs filtrée dus à des mouvements trop important d'objets dans la vidéo.

Si on observe le vecteur mouvement de chaque bloc (flot optique), on peut voir que la méthode de corrélation dans ce bloc donne beaucoup de bruit si la taille de la fenêtre est trop petite et si elle est trop grande on obtient un épaississement du bord des objets. De plus cette simple corrélation ne permet pas de gérer les occultations (dues au mouvement cette fois-ci) qui apparaissent d'une image à la suivante.

Après implémentation de cette méthode de matching par simple corrélation, on peut constater que la compensation de mouvement permet de stabiliser la séquence de cartes de profondeurs/disparités obtenue seulement dans le cas d'un mouvement peu important des objets de la scène ou bien des caméras. De plus cette méthode donne des effets de blocs, notamment dans la zone en occultation du mouvement. Pour améliorer les résultats nous avons donc intégré dans notre processus de filtrage temporel une estimation optimisée du mouvement par bloc entre deux images développée en interne à France Télécom R&D. Cette estimation optimisée est beaucoup plus robuste. Elle ne donne pas d'effets de blocs et stabilise très bien les valeurs de profondeurs même sur des objets ayant un mouvement important.

Figure 34 : filtrage temporel avec une simple corrélation de blocs pour la compensation de mouvement. On peut voir sur l'image de droite les effets de bloc.

Figure 35 : filtrage temporel avec la solution FT R&D

Pour conclure, on peut remarquer que le problème de stabilisation temporelle se ramène à un problème de calcul de flot optique qui est un problème difficile à résoudre (problème inverse "mal posé") et où apparaissent les mêmes difficultés que dans le calcul d'une carte de disparités/profondeur dense :

- ➢ annulation du bruit (régularisation)
- ➢ gestion des occultations (dues au mouvement)
- ➢ temps de calcul (ici on peut résonner sur des blocs ce qui réduit le temps de calcul)

Cette stabilisation temporelle de la carte de profondeurs suppose aussi une continuité temporelle dans la vidéo. On ne peut pas avoir de changement de plan brutal car la compensation de mouvement n'a alors plus de sens entre deux images ayant un contenu totalement différent. Pour traiter une vidéo qui a beaucoup de changement de plan, on doit alors faire au préalable un traitement automatique de détection de ces changements de plan. Malheureusement on sait que certaines techniques de montage vidéo comme les fondus enchainés peuvent poser des problèmes au cours de cette détection.

2.3.4. Conclusion

Les chapitres précédents sur le traitement de la carte de disparités dense ont montré que le filtrage (régularisation) spatial et temporel de cette carte est nécessaire. En effet le traitement couple d'image par couple d'image montre des instabilités dans l'attribution de la disparité. On traite ces problèmes indépendamment de la minimisation de la fonction d'énergie qui calcule l'appariement stéréoscopique (statiquement) grâce à l'algorithme des coupures de graphe (graph cuts). Il serait souhaitable dans la continuité de ces travaux de donner un même cadre unifié, c'est-à-dire minimiser une fonction d'énergie où la contrainte temporelle est décrite dans l'attache aux données ainsi que dans la partie régularisante.
D'autres problèmes sont encore à résoudre, comme le compromis temps de calculs/qualité de la carte de profondeurs.
Peut-on obtenir une qualité suffisante pour un rendu 3D avec un calcul temps réel de la carte de profondeurs ?
Quelles erreurs peut-on se permettre dans le calcul de cette carte sans dégrader le rendu sur écran auto stéréoscopique sachant que ces écrans ont pour l'instant une résolution inférieure à la haute définition ?
L'obtention d'une carte de profondeurs dense est le point de passage obligé de cette chaine de traitement, malheureusement le temps de calculs de cette carte est long et la qualité de celle-ci n'est pas toujours suffisante.
Pour contourner le problème du calcul de la carte de profondeurs dense, nous avons testé d'autres techniques basées uniquement sur quelques points d'intérêts en appariement stéréoscopique afin de générer d'autres points de vue par morphing. Malheureusement, l'impression de relief n'est pas aussi bonne que dans le cas dense et on n'obtient pas la souplesse de manipulation que l'on peut avoir avec la carte de profondeurs. Notamment la modification du point de convergence et de la dynamique du relief. Ces deux derniers points seront abordés au chapitre suivant.

2.4. Interpolation N vues

Nous présentons ici la dernière étape de la chaine de traitement. Cette étape consiste à reconstruire des vues supplémentaires aux deux vues stéréoscopiques existantes afin de pourvoir visualiser sur les écrans auto stéréoscopiques nécessitant plus de 2 vues (8 ou 9 pour le NewSight, plus de 20 pour l'écran LG). On fait cette opération de reconstruction de vues à partir d'une image et de sa carte de profondeurs associée (représentation 2D+Z). Ce format 2D+Z est utilisé dans le logiciel de lecture vidéo en entrée de certain écran auto stéréoscopique (écran philips) et la reconstruction des vues nécessaires est alors inscrite

dans le matériel associé à l'écran lui-même (solution matériel). Afin d'avoir plus de souplesse et de ne pas dépendre du choix d'un unique constructeur, on veut générer ces vues supplémentaires de manière logiciel (solution logicielle).
La carte de profondeurs permet une manipulation (en post-production) souple du rendu sur écran auto stéréoscopique notamment :

> la modification "artificiel" du point de convergence des caméras
> la modification de la dynamique de profondeur, ce qui permet la modification de l'effet de relief. Solution impossible sans la carte de profondeurs associée (par exemple dans le cas de la visualisation avec lunette)
> l'adaptation du rendu en fonction des caractéristiques physiques de l'écran (taille de l'écran et limite de qualité due au flou).
> l'adaptation du rendu en fonction de la fatigue visuelle de l'utilisateur.

Les deux premiers seront abordés dans ce paragraphe 2.4 et les deux derniers dans le paragraphe 2.5.

2.4.1. Morphing de disparité

Nous décrivons dans ce paragraphe le principe de reconstruction de vues intermédiaires. Ceci peut-être vu comme une conversion du format de représentation des données 3D :

$$\text{Image+profondeur (2D+Z)} \implies \text{Reconstruction de N vues}$$

C'est un "transcodage" qui permet un affichage sur tout type d'écran auto stéréoscopique (Philips, Newsigth, LG, ...) quelque soit son principe de rendu : réseau lenticulaire ou barrière parallaxe.

Le morphing de disparité nous permet de reconstruire un point de vue avec une image et sa carte de profondeurs/disparités associée. Le but est de faire un décalage de la position d'un pixel proportionnellement à sa profondeur.

Nous avons suivi les mêmes idées que dans l'article [23], seul le filtre de rééchantillonnage est différent. Nous utilisons la formule suivante de reconstruction qui correspond à la notion de morphing de disparité. Cette formule donne la manière de modifier la position des pixels en fonction du rendu que l'on désire obtenir. On peut remarquer que l'on ne modifie que la position horizontale mais pas verticale. Ceci est du à la technologie des écrans qui ne permettent pas la visualisation du relief de manière verticale.

$$\text{équation d'interpolation } p_s = p_0 + s(d_{p_0} - \delta)$$

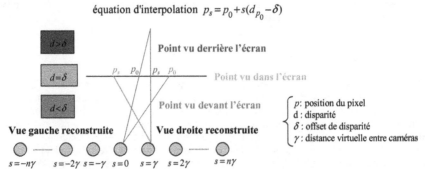

Figure 36 : morphing de reconstruction des N vues

On voit dans l'équation d'interpolation que grâce à la carte de profondeurs/disparités, on peut choisir quels pixels l'utilisateur verra dans l'écran (paramètre δ) ce qui correspond à la modification de la convergence des caméras modulo la disparité verticale. On peut aussi gérer la dynamique du relief (paramètre s) ce qui correspond à régler l'écart des caméras. On peut voir que pour $s = 0$ la position des pixels ne bougent pas et donc il n'y a pas de relief.

2.4.2. Solutions et réalisations avec la représentation 2D+Z

Le choix de la représentation image + disparité est dans notre cas tout à fait adapté, en effet on peut faire l'interpolation par morphing de disparité comme dans le paragraphe précédent et surtout on ne dispose que de la carte de disparités (après rectification ou non) et non de la carte de profondeurs car les caméras ne sont pas calibrées. On n'utilisera donc pas d'autres représentations par maillage de toute la scène 3D par exemple et reprojection de cette scène dans des vues virtuelles.

Le décalage des points de vue nous oblige à gérer les recouvrements et les découvrements, ceci en deux étapes. La première concerne la détection et la deuxième la gestion de ces recouvrements et découvrements.

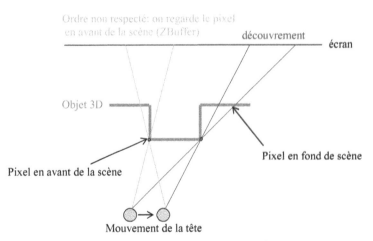

Padding : extrapolation du pixel en fond de scène si on a un découvrement

Figure 37 : recouvrement et découvrement

Quand on regarde une scène 3D, si on déplace la tête vers la droite (resp. gauche), les objets en avant plan recouvrent les objets en arrière plan sur leur côté gauche (resp.droit) et les découvrent sur leur côté droit (resp.gauche).

2.4.2.1. Détection des occultations et recouvrements

La première étape consiste à détecter ces recouvrements et découvrements.

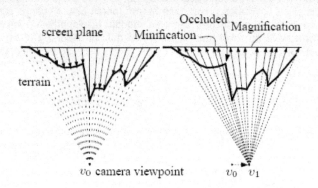

Figure 38 : détection des recouvrements et découvrements (source publication)

Dans le schéma ci-dessus on projette les points d'une scène 3D sur un plan à partir d'un point v_0 puis on projette ces mêmes points à partir d'une position décalée v_1. Quand on regarde le devenir des deux projections voisines après décalage de la position de visualisation, il se passe deux cas de figure : soit les deux projections s'écartent soit elles se rapprochent.

Les recouvrements sont détectés quand la contrainte d'ordre n'est pas respectée, c'est-à-dire que la position gauche-droite est inversée après morphing de deux pixels voisins, dans la pratique on choisit un seuil égal à -1. Si la différence entre deux pixels après application de l'équation d'interpolation est inférieure à ce seuil, on dit qu'il y a recouvrement (minification).

Les découvrements sont détectés si l'écart entre deux pixels successifs (deocclusion or magnification) dépasse un certain seuil (équivalent à 2 pixels dans la pratique).

2.4.2.2. Gestion des occultations et recouvrements

Pour le recouvrement, on a donc coexistence sur la zone de recouvrement de plusieurs valeurs de pixels sur une même position (ou proche) après l'application de morphing.
On élimine donc le pixel de plus grande profondeur (ou de plus petite disparité) pour ne garder que celui qui a la profondeur la plus petite (ou bien la disparité la plus grande) comme dans l'algorithme du Zbuffer.

Pour les découvrements, on a une absence de valeurs pour certains pixels, on doit donc boucher les "trous". Les plus gros découvrements se font aux bords des objets en avant plan où le gradient de profondeur est important avec les objets en arrière plan. Plus le point de vue à reconstruire est éloigné de la vue initiale, plus le découvrement est difficile à gérer.

Pour les découvrements, si le déplacement du point de vue se fait à droite (resp. gauche), on fait un "padding" en répétant vers la gauche (resp.droite) la valeur moyenne des pixels se situant à droite (resp. gauche) du pixel ayant la plus grande profondeur (plus petite disparité). En pratique on prend la moyenne sur 4 ou 5 pixels.

On peut voir ci-dessous les limites de la méthode, il est très difficile (voire impossible) de reconstruire la géométrie de l'objet à reconstruire dans la zone de découvrement.

Figure 39 : gestion recouvrement et découvrement de gauche à droite : découvrement, vue centrale (image d'origine) et recouvrement

Pour résoudre le problème de la reconstruction des données manquantes dans la zone de découvrement, il est possible d'utiliser la deuxième vue du couple stéréo avec sa carte de profondeurs ou bien d'utiliser le format "declipse" de Philips.

2.4.2.3. Re-échantillonnage de données non-régulières

Après application de la formule de morphing, le pixel d'origine se retrouve sur une position non régulière (position non entière). On doit donc appliquer un filtrage particulier sur ces données non-régulières afin de ré-echantillonner ces données sur une grille régulière.

Nous utilisons une technique de ré-echantillonnage régulier de données non régulières à l'aide de BSpline comme dans l'article de Seungyong Lee [26].

On peut faire une interpolation beaucoup plus simple et rapide que l'interpolation BSpline précédente, par exemple une interpolation au plus proche voisin. Mais cela donne un effet de crénelage sur les bords des objets et fait aussi apparaître des "craquelures" dans l'image interpolée aux endroits de non-continuité de la carte de profondeurs (effet de quantification de la carte de profondeurs). Les images ci-dessous sont le résultat du morphing de l'image "venus" avec sa carte de profondeurs quantifiée. On peut constater que le morphing ne gère pas dans ce test le recouvrement et découvrement. En effet, on voit apparaître des zones en noir (découvrement) et des zones "flou" dues au mélange de plusieurs valeurs de pixels (recouvrement).

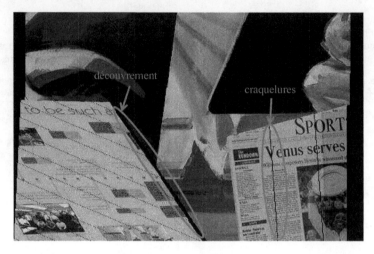

Figure 40 : morphing à partir de l'image de disparité quantifiée et interpolation au plus proche voisin

Figure 41 : morphing à partir de l'image de disparité quantifiée et interpolation BSpline sur données non-régulières

Les images ci-dessus montrent qu'une simple interpolation n'est pas suffisante.

2.4.3. Conclusion

La technique d'interpolation précédente nous a donné la possibilité d'afficher sur un écran nécessitant plus de 2 vues (9 vues dans la pratique avec l'écran NewSight).

Cependant, la reconstruction de N vues à partir d'une image et d'une carte de profondeurs pose des problèmes de cohérence de l'image dans les zones de découvrements avec le format 2D+Z.

Le programme développé pour la reconstruction sur écran N vues est difficilement comparable au rendu sur l'écran Philips (Image+profondeur) car les vues sont reconstruites en "Hard" dans l'écran et entrelacées directement.

Le programme d'interpolation BSpline est trop lent sur une seule image HD. Pour obtenir des performances en temps réel sur une reconstruction de N images HD, la méthode doit être différente car il faut en plus compter avec le temps pris par l'entrelacement. L'implémentation pour l'écran Philips est matérielle, on recherche ici une solution logicielle temps réel.

En effet pour obtenir le temps réel, il faut reconstruire 8 images voire plus en 1/25 seconde. Il faut donc pouvoir traiter 200 images en 1 seconde. C'est-à-dire réaliser une interpolation et un entrelacement sur 200 images en 1 seconde. Même avec la plus simple des interpolations (plus proche voisin) en langage C, on ne peut pas obtenir une telle performance.

Pour obtenir une solution temps réel, on doit modifier les deux points suivant :

> Choisir une méthode de re-échantillonnage plus rapide et plus simple que la méthode BSpline.

> Chaque vue dans l'ensemble des N vues doit être calculée de manière parallèle (implémentation sur GPU)

Enfin, on peut faire la remarque suivante qui introduit le paragraphe ci-dessous : si on a seulement la carte de disparités en niveau de gris, on a perdu le point de convergence des cameras (pixels de disparité nulle) qui est une information essentielle dans le scénario de la prise de vue. On doit donc conserver cette information ainsi que l'information sur l'intervalle de disparité afin de rendre conforme le relief au moment du rendu sur écran auto stéréoscopique.

2.5. *Contrainte du rendu 3D sur écran autostéréoscopique*

Dans ce paragraphe nous proposons de décrire la méthode qui va nous permettre d'adapter les contenus à la taille de l'écran utilisé pour la restitution et de corriger certaines erreurs dans le scénario d'acquisition. Cette technique de post-production n'est possible que si l'on dispose de la carte de profondeurs. Cette possibilité d'adaptation est nécessaire car les constructeurs offrent différentes tailles d'écrans auto stéréoscopiques : écran plat (42 pouces), "cadre photo" (8,4 pouces), etc.

On va en premier faire un rappel de la distance qu'un utilisateur doit prendre devant un écran. Cette distance est le résultat de tests psycho visuels et en fonction de la résolution de l'écran et de sa taille, elle doit être égale à :

> 3*(Hauteur de l'écran) en haute résolution

> 6*(Hauteur de l'écran) en simple résolution

> 9*(Hauteur de l'écran) sur les écrans auto stéréoscopiques

On peut constater que plus la résolution est faible plus on doit s'éloigner de l'écran afin de ne pas avoir d'effets de pixelisation. Pour le cas auto stéréoscopique, l'écran original est un écran haute définition mais le principe physique de réseau lenticulaire ou bien de barrière parallaxe (écran NewSight) divise le nombre de ligne par 3. On doit donc se placer à 3 fois plus de distance devant un écran 3D que devant un écran HD.

Enfin pour des problèmes de fatigue visuelle le maximum de disparité possible pour un même objet sur l'écran ne doit pas dépasser 6 cm. Cette distance correspond approximativement à l'écart entre les deux yeux qui est en moyenne de 6,5cm pour un adulte.

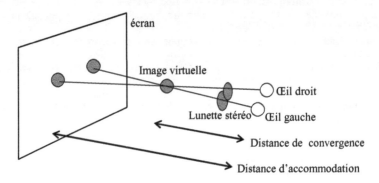

Figure 42 : fatigue visuelle dans le cas stéréo avec lunettes

Cette différence entre la distance d'accommodation et la distance de convergence est une des causes inévitable de fatigue visuelle pour l'utilisateur, avec les asymétries entre les vues et les disparités trop importantes. Dans le cas de disparités trop grandes il est même possible que l'utilisateur ne puisse pas fusionner les 2 images et les voient donc en double au lieu de les voir en relief. La fatigue voire la gêne visuelle due à des disparités trop grandes peut être limitées au moment de l'acquisition des deux vidéos stéréoscopiques ou bien par un post-traitement à l'aide de la carte de profondeurs/disparités.

Nous allons expliquer dans la suite comment on peut gérer ce problème à l'aide du morphing de disparité.

On doit d'abord avoir une idée de la disparité maximale admissible non pas en cm mais en nombre de pixels sur l'écran. Faisons par exemple le calcul avec un écran de 42 pouces. La hauteur, l'écran étant au format 16/9, est donnée en cm par l'équation :

$$H^2 + \left(\frac{16}{9}H\right)^2 = (42 \times 2.54)^2$$

Avec 1 pouce=2.54 cm. On obtient $H \cong 52cm$ et $L = \frac{16}{9}H \cong 92cm$. On doit donc se placer à 4m5 de l'écran 3D (ce qui est important dans un salon !!!).

En nombre de pixels proportionnellement au nombre de pixels disponibles en largeur pour un écran 1920×1080, on obtient le résultat suivant :

$$DispMax(pixel) = \frac{6 \times 1920}{92} \cong 125 \text{ pixels}$$

Pour un écran 8,4 pouces (on doit se placer à 50cm) ayant une résolution 1024×768 en utilisant la même méthode de calcul, on obtient :

$$\text{DispMax(pixel)} = \frac{6 \times 1024}{19} \cong 320 \text{ pixels}$$

Avec l'écran NewSight, on ne voit pas simultanément uniquement que deux vues mais 3 ou 4, il faut donc que l'écart entre les 4 vues soient 125 pixels, soit approximativement 40 pixels entre deux vues successives. Ce calcul correspond à d'autres études menées sur les écrans 42 pouces avec barrière parallaxe qui indique que la disparité entre deux vues successives doit rester dans l'intervalle [-20,20], c'est-à-dire avec un maximum de 40 pixels de disparité. Pour l'écran de 8,4 pouces, on obtient un intervalle plus important [-50,50].

Si on dispose alors de la carte de profondeurs/disparités, on peut alors régler les paramètres de la formule de morphing afin de satisfaire les contraintes de visualisation données ci-dessus. Rappelons cette formule qui permet de calculer le décalage produit entre deux vues successives :

$$p_s = p_0 + s(d - \delta)$$

d est l'image de disparité en niveau de gris. Notons $d_{\min}$ et $d_{\max}$, respectivement le minimum et le maximum en niveau de gris de cette image. On place arbitrairement le point de convergence de la scène sur les objets ayant une disparité qui correspond à la moyenne :

$$\delta_0 = (d_{\max} - d_{\min}) / 2$$

Deux vues successives correspondent par exemple à $s = \alpha$ et $s = 2\alpha$. La contrainte de visibilité se traduit donc par :

$$\left\| p_{2\alpha} - p_\alpha \right\| = \left\| p_0 + 2\alpha(d - \delta_0) - (p_0 + \alpha(d - \delta_0)) \right\| = \left\| \alpha(d - \delta_0) \right\| \leq 20$$

Ceci pour toutes valeurs de disparité. On peut donc calculer α dans le pire des cas, c'est-à-dire quand $d = d_{\max}$ et dans ce cas $d - \delta_0 = (d_{\max} - d_{\min}) / 2$ et :

$$\alpha = 40 \frac{1}{d_{\max} - d_{\min}}$$

Prenons un exemple : si le niveau de gris de l'image de disparité est compris dans l'intervalle $[d_{\min}, d_{\max}]$, alors pour $d_{\max} = 180$ et $d_{\min} = 0$, on obtient approximativement $\alpha \cong 0.22$. Ce nombre correspond aux valeurs empiriques que nous utilisons dans la reconstruction de point de vue pour un affichage sur un écran avec barrière parallaxe. Pour l'écran 8,4 pouces, on obtient un écart plus important des caméras avec $\alpha \cong 0.55$. Si on respecte ces paramètres et si tous les objets de la scène restent dans l'intervalle de disparité, alors on peut préserver le confort de visualisation de l'utilisateur.

Dans nos explications, on ne fait pas toujours de distinction entre profondeur et disparité. Mais si on ne dispose que d'une image en niveau de gris pour la profondeur/disparité, la reconstruction de points de vue se fait en choisissant arbitrairement la profondeur/disparité du point convergence (i.e. δ_0). Le rendu est alors fait sans conserver le point de convergence initial de l'acquisition qui est choisi en général pour respecter une conformité du relief au moment du rendu. Il est donc préférable du faire un rendu avec le point de convergence initial et de régler par la suite le paramètre α.

Le calcul précédent peut aussi être appliqué pour corriger certains scénarios dans l'acquisition d'une scène 3D. En effet, dans certaine scène, il peut y avoir une profondeur très importante entre les objets en avant plan et les objets en arrière plan (typiquement dans des scènes extérieures). On peut donc par post-traitement atténuer cette profondeur trop importante.
Cependant, cette technique ne corrige pas les problèmes de la prise de vue en amont, notamment en cas de surgissement d'objet en avant plan de la scène. Dans ce dernier cas on peut pour corriger le problème affecter une nouvelle profondeur à l'objet posant problème sans modifier la profondeur des autres objets de la scène.

3. CONCLUSION ET EVOLUTIONS

Nous avons réussi à faire une chaîne automatique permettant de convertir deux vues stéréoscopiques en N vues afin de permettre un affichage sur différents écran auto-stéréoscopiques. Les images reconstruites sont de bonne qualité quelque soit le type de données en entrée (réelles, synthétiques, scènes intérieurs, extérieures...).
L'avantage de notre méthode est qu'elle peut s'adapter à tout type d'écrans auto-stéréoscopique avec une taille d'écran quelconque et un nombre de vues quelconques.
Cette étude nous a aussi permis de voir de quelles manières on peut décorréler le rendu de l'acquisition mais ceci ne peut se faire qu'au prix de post-traitement informatique très difficile. Il y a cependant du flou dans les images dès que la profondeur de la scène est trop importante. Cette limitation des écrans rend l'acquisition d'une scène très compliquée.

Les traitements de cette chaîne ne sont pas temps réels. On peut améliorer le temps de calculs de ces traitements afin d'atteindre le temps réel sauf peut-être pour le calcul de la carte de profondeurs. En effet, on a constaté que pour ce dernier traitement, il y a un rapport entre le temps de calculs et la qualité de la carte de profondeurs obtenue.

En dehors de l'amélioration du temps de traitement des différentes étapes, il y a d'autres prolongements et d'autres perspectives à ce travail. Par exemple, la détection automatique des changements de plan dans la vidéo car on utilise pour le filtrage temporel la cohérence successive des images. On a aussi utilisé pour la reconstruction de vues le format image plus profondeur (2D+Z) mais l'information est plus riche que cela. On aurait pu étendre à un format 2x(2D+Z), c'est-à-dire chaque image gauche et droite avec sa profondeur respective. Cela permettrait notamment de mieux gérer les zones d'occultation qui ne sont pas communes aux deux images mais on introduit alors d'autres problèmes à gérer comme la fusion des données lors de la reconstruction des nouveaux points de vue.

Terminons par quelques problèmes techniques qui sortent du cadre de ce travail mais qui restent un frein à la diffusion massive de ces écrans 3D.
Avec les écrans auto stéréoscopiques, on a d'abord un problème de normalisation. En effet, on doit faire un compromis entre le nombre de vues (lié à la largeur du cône de visualisation) et la diminution de la résolution. Dans le cas des écrans 3D, plus le nombre de vues est grand plus la résolution risque d'être divisée par rapport à un écran HD.
Notons aussi le problème de la non compatibilité avec les équipements existants, c'est-à-dire : est-ce-que l'on pourra dans l'avenir voir sur le même écran plat un contenu HD 2D et un contenu 3D avec la même qualité perçue ?

De plus, les équipements de restitution actuels imposent à l'utilisateur des contraintes fortes de positionnement (distance à l'écran, position de la tête sans inclinaison) mais également un effort mental pour reconstituer le relief à partir d'images.
Ce dernier problème peut entraîner une gêne visuelle ou une fatigue pouvant donner des maux de tête. A noter qu'une partie non négligeable de personnes (entre 10% et 20%) n'a pas la perception du relief.

Fatigue visuelle, maux de tête, erreurs dans la gestion des profondeurs, formats propriétaires... autant d'écueils qui jalonnent encore la route des moniteurs 3D mais qui ne devraient pas les empêcher de trouver sous peu le chemin de nos foyers tant l'appétence du public est grande pour les technologies 3D.

4. ANNEXE 1: MODELE STENOPE ET MATRICE FONDAMENTALE

Nous allons faire dans cette annexe quelques rappels nécessaires afin de comprendre les notions géométriques de base des capteurs utilisés. Ces rappels sont utiles dans la partie concernant la rectification.

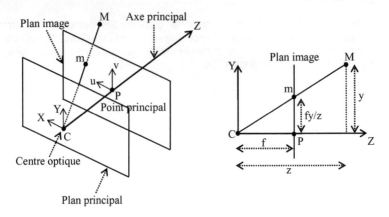

Figure 43 : modèle sténopé d'une caméra

Le modèle sténopé est décrit par un centre optique **C** (centre de projection) ainsi que par une distance de ce point au plan image : la focale **f**.
La figure gauche illustre la projection d'un point **M** dans le plan image en traçant une ligne de ce point **M** jusqu'au centre de la caméra **C**. La figure droite illustre la même situation dans le plan XY.

Le point 3D **M** $(x, y, z)^T$ est transformé en **m** de coordonnées $(\frac{fx}{z}, \frac{fy}{z}, f)^T$. Si on représente ces points en coordonnées homogènes on obtient la transformation projective suivante :

$$\begin{pmatrix} fx \\ fy \\ z \end{pmatrix} = \begin{pmatrix} f & 0 & 0 & 0 \\ 0 & f & 0 & 0 \\ 0 & 0 & 1 & 0 \end{pmatrix} \begin{pmatrix} x \\ y \\ z \\ 1 \end{pmatrix}$$

ou plus simplement avec P la matrice de projection caméra :

$$zm = PM$$

La matrice P est ici représentée dans le cas le plus simple avec un seul paramètre : la focale. Dans le cas le plus général cette matrice peut se factoriser en :

$$P = K[R|t]$$

où K est la matrice des paramètres intrinsèques de la caméra, elle représente le passage du repère du plan principal au repère du plan image. La matrice des paramètres extrinsèques (rotation et translation) $[R|t]$ représente le passage du repère "monde" au repère du plan principal. On a entre autre la relation dans le repère "monde" $RC+t=0$ et on peut donc écrire :

$$P = K[R\,|-RC]$$

Donnons maintenant une écriture différente du point M. Le centre de projection est l'unique point pour lequel la projection n'est pas définie et donc on a :

$$P\begin{pmatrix} C \\ 1 \end{pmatrix} = 0$$

Ce qui donne si on résout l'équation en C :

$$C = -P_{3\times3}^{-1}P_{.,4}$$

où $P_{3\times3}$ est la matrice composée des trois premières lignes et colonnes de P et $P_{.,4}$ représente la $4^{\text{ième}}$ colonne de P.

Si $m = (u,v,1)^T$ est le point projeté de M sur l'image, alors on peut écrire :

$$M = \begin{pmatrix} C \\ 1 \end{pmatrix} + \lambda\begin{pmatrix} P_{3\times3}^{-1}m \\ 0 \end{pmatrix}$$

On retrouve ainsi l'équation de la projection :

$$\zeta m = PM$$

Rappelons à présent la notion de matrice fondamentale et de droite épipolaire.

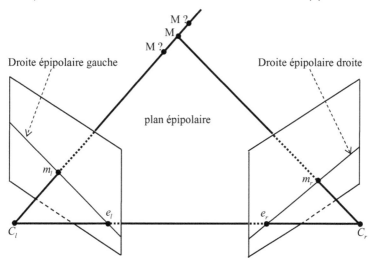

Figure 44 : notion de droite épipolaire avec MC_lC_r plan épipolaire

Si on reprend les équations précédentes mais cette fois avec deux points de vue, on obtient la reprojection du point M dans la vue droite :

$$\zeta_r m_r = P_r M = P_r \begin{pmatrix} C_l \\ 1 \end{pmatrix} + \lambda_1 P_r \begin{pmatrix} P_{3\times3,l}^{-1} m_l \\ 0 \end{pmatrix}$$

Si on simplifie l'équation précédente, on obtient l'équation de la droite épipolaire droite :

$$\zeta_r m_r = e_r + \lambda_1 P_{3\times3,r} P_{3\times3,l}^{-1} m_l$$

C'est l'équation d'une droite passant par l'épipole $e_r = K_r t$ et le point image $m_l' = P_{3\times3,r} P_{3\times3,l}^{-1} m_l$ qui représente la projection du point à l'infini sur le plan image de droite.

En prenant un repère "monde" adéquat, on peut simplifier les projections et écrire :

$$P_l = K_l [I \mid 0] = K_l \begin{pmatrix} 1 & 0 & 0 & 0 \\ 0 & 1 & 0 & 0 \\ 0 & 0 & 1 & 0 \end{pmatrix}$$

et

$$P_r = K_r [R \mid t]$$

Comme m_r et un point appartenant à la droite passant par e_r et m_l', on obtient en coordonnée homogène :

$$m_r^T e_r \times P_{3\times3,r} P_{3\times3,l}^{-1} m_l = 0$$

Soit

$$m_r^T e_r \times K_r R K_l^{-1} m_l = 0$$

Notons que :

$$v \times u = [v]_\times u = \begin{pmatrix} 0 & -v_3 & v_2 \\ v_3 & 0 & -v_1 \\ -v_2 & v_1 & 0 \end{pmatrix} u$$

où $\times$ est le produit vectoriel dans l'espace.

On a que $[e_r]_\times K_r$ est proportionnel à $K_r^{-T}[t]_\times$, on obtient donc la relation :

$$m_r^T K_r^{-T}[t]_\times R K_l^{-1} m_l = 0$$

La matrice fondamentale s'écrit donc :

$$F = K_r^{-T}[t]_\times R K_l^{-1}$$

Où $E = [t]_\times R$ est la matrice essentielle et $F m_l$ est la droite épipolaire dans l'image droite associée au point m_l passant par le point correspondant dans l'image droite m_r.

5. ANNEXE 2: CODE GPU DU FILTRAGE SPATIAL

Ci-dessous le code du "fragment shader" permettant de filtrer spatialement une carte de profondeurs/disparités :

```
//Fragment shader for depth filtering

uniform sampler2D tex;//depth texture with gray value in [0,1]
uniform int sizex;//x size of image
uniform int sizey;//y size of image
uniform int winx;//x size of windows around pixel
uniform int winy;//y size of windows around pixel

const float stepx = 1.0 / sizex;
const float stepy = 1.0 / sizey;

//sigma of gaussian
const float sigmax = 4.0 ;
const float sigmay = 4.0 ;
const float sigmad = 8.0;

void
main ()
{
  float color = 0.0;
  float Wij = 0.0;
  float kernel = 0.0;

  vec2 coord = gl_TexCoord[0].st;

  float d0 = texture2D(tex,coord.st).r*255.0;

  for ( int i = -winx; i < winx; i++ ) {
    for ( int j = -winy; j < winy; j++ ) {
      vec2 dcoord = vec2(i,j);
      dcoord /= sizex;
      dcoord += coord;

      if ((dcoord.x < 0 || dcoord.y < 0)||
      (i == 0 && j == 0)||//we avoid central pixel
      (dcoord.x >= 1.0 || dcoord.y >= 1.0) )
        {
            //continue;
        }
        else{
            float d1 = texture2D(tex,dcoord).r*255.0;
            float sqri = (dcoord.s -coord.s)*sizex;
            sqri *= sqri;
            float sqrj = (dcoord.t-coord.t)*sizey;
            sqrj *= sqrj;
            kernel= exp( - (sqri / (2.0*sigmax*sigmax))
                         - (sqrj / (2.0*sigmay*sigmay))
                         - ((d0-d1)*(d0-d1) / (2.0*sigmad*sigmad)) );
            Wij   += kernel;
            color += d1*kernel;
        }
    }
  }

  color/= Wij;
  color/= 255.0;
  gl_FragColor = (vec4(color,color,color,1.0));//gray image result
}
```

6. ANNEXE 3: RAPPEL SUR LE PRINCIPE DE FONCTIONNEMENT D'UN ECRAN AUTOSTEREOSCOPIQUE

Le principe de la vision stéréo 3D avec lunettes est de reproduire la vision binoculaire humaine. Le plus ancien système de vision 3D est celui avec des lunettes (géode à Paris, Futuroscope de Poitiers, etc.). Les lunettes polarisées incorporent des filtres utilisant la polarisation de la lumière pour séparer les deux images et faire en sorte que chaque œil ne reçoive que la vue qui lui est destinée. Le cerveau fusionne ensuite l'information de ces deux images pour voir en relief.

Le principe de séparation est repris dans la technologie des écrans auto stéréoscopique (sans lunettes) mais avec plusieurs points de vue. La séparation est effectuée au niveau de l'écran par deux technologies matériellement différentes et concurrentes.
La barrière parallaxe est un film composé de zones opaques et de zones transparentes chargées de bloquer une partie de la lumière, de sorte que chaque œil reçoive des informations différentes. L'autre technologie, le réseau lenticulaire (ou alioscopie) utilise aussi des points de vue multiples crées dans plusieurs directions à l'aide d'un réseau de lentilles placé devant l'écran. Le principe de discrimination entre les vues se fait dans ce cas par diffraction optique grâce aux lentilles. Donnons ci-dessous deux schémas qui résument les deux principes physiques :

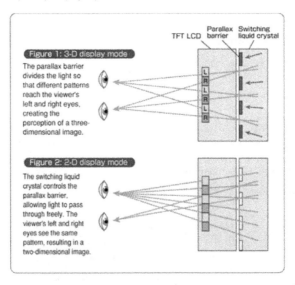

Figure 45 : barrière parallaxe (source internet)

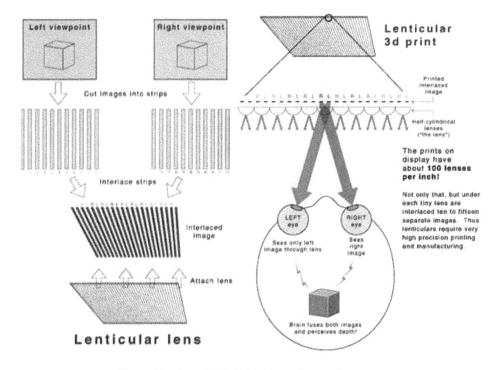

Figure 46 : réseau lenticulaire (source internet)

Sur les deux schémas ci-dessus, le principe est simplifié au cas de deux vues. On alterne la position des pixels de la vue gauche et de la vue droite (entrelacement) devant la barrière parallaxe ou bien le réseau lenticulaire. C'est ce principe qui donne l'impression de relief. Dans la pratique les constructeurs n'utilisent pas uniquement deux points de vues mais plusieurs points de vues décalés afin d'obtenir une meilleure cohérence spatiale de visualisation et éviter les transitions trop rapides gauche-droite.

LISTE FIGURE

REFERENCE BIBLIOGRAPHIQUE

[1]. Monga, R.H.e.O., *Vision par ordinateur, outils fondamentaux*. 1995.
[2]. Oliver Schreer, P.K., Thomas Sikora, *3D video communication, Algorithms, concepts and real-time systems in human centred communication*. 2005.
[3]. Lowe, D.G., *Distinctive image features from scale-invariant keypoints*. International Journal of Computer Vision, 2004. **60**: p. 91-110.
[4]. Torr, P.H.S., *A Structure and Motion Toolkit in Matlab "Interactive Adventures in S and M"*. June 2002.

[5]. Hartley, R.I., *Theory and Practice of Projective Rectification*.

[6]. Irsara, A.F.a.L., *Quasi-euclidean uncalibrated epipolar rectification*. Papporto di Ricerca RR 43/2006, Dipartimento di Informatica, Università di Verona, 2006.

[7]. Sturm, P., *On Focal Length Calibration from Two Views*. CVPR-IEEE Conference on Computer Vision and Pattern Recognition, Kauai, Hawaii, USA, Vol. II, 145-150, 2001, 2001.

[8]. Richard Szeliski, D.S., *A taxonomy and evaluation of dense two-frame stereo correspondence algorithms*. International Journal of Computer Vision, April-June 2002.

[9]. Vladimir Kolmogorov, R.Z., *Computing Visual Correspondence with Occlusions via Graph Cuts*. Computer Science Department, Cornell University, Ithaca, NY 14853.

[10]. Huttenlocher, P.F.F.a.D.P., International Journal of Computer Vision, October 2006. **70**.

[11]. Tomasi, S.B.a.C., *Depth Discontinuities by Pixel-to-Pixel Stereo*. International Journal of Computer Vision, December 1999.

[12]. Narayanan, V.V.a.P.J., *CUDA Cuts: Fast Graph Cuts on the GPU*. to appear in CVPR 2008, 2008.

[13]. Taylor, A.B.a.C.J., *Graph Cuts via L1 Norm Minimization*. IEEE transactions on pattern analysis and machine intelligence, september 2008. **30**.

[14]. Francois, P.S.S., *Optimisation à base de flot de graphe pour l'acquisition d'informations 3D à partir de sèquences d'images*. Revue internationale de CFAO et d'informatique graphique ISSN, 2003.

[15]. Yuri Boykov, O.V., Ramin Zabih, Members IEEE, *Fast Approximate Energy Minimization via Graph Cuts*. IEEE TRANSACTIONS ON PATTERN ANALYSIS AND MACHINE INTELLIGENCE, 2001 NOVEMBER. **VOL 23, NO 11**.

[16]. Roy, S., Cox, I., *A Maximum-Flow Formulation of the n-Camera Stereo Correspondence Problem*. Proc. Int'l Conf. Computer Vision, 2003.

[17]. Ford, L., Fulkerson, D., *Flow in Networks*. Princeton University Press, 1962.

[18]. Goldberg, A.V., Tarjan, R. E., *A new approach to the maximum flow problem*. Journal of the Association for Computing Machinery, 1988. **vol 35**.

[19]. S. Steitz, B.C., J. Diebel, D. Scharstein, R. Szeliski, *A Comparison and Evaluation of Multi-View Stereo Reconstruction Algorithms*. CVPR-2006. **vol 1**.

[20]. Zabih, V.K.a.R., *Multi-caméra scene reconstruction via graph cuts*. Proceedings of the European Conference on Computer Vision, 2002.

[21]. Zhan, W.J.T.L., *Depth map preprocessing and minimal content for 3D-TV based on DIBR*. ISO/IEC JTC1/SC29/WG11 and ITU-T SG16 Q.6, 2007.

[22]. Cooperstock, J.Y.a.J.R., *Improving depth maps by non-linear diffusion*. Proc 12th International Conf. Computer Graphics, Visualization and Computer Vision, 2004.

[23]. R-P. M. Berretty, F.J.P.a.G.T.G.V., *Real Time Rendering for Multiview Autostereoscopic Displays*. proceedings of the SPIE Stereoscopic Displays and Virtual Reality Systems, 2006.

[24]. C. Vasquez, W.J.T., and F. Speranza, *Stereoscopic imaging: Filling disoccluded areas in image-based rendering*. proceedings of the SPIE Three-Dimensional TV, Video, and Display, 2006. **6392**.

[25]. Yanghai Tsin, T.K., *A Correlation-Based Model Prior for Stereo*. IEEE Computer Society Conference on Computer Vision and Pattern Recognition (CVPR'04), 2004 19/04. **Proceedings of the 2004**: p. 1063-69.

[26]. Seungyong Lee, G.W., and Sung Yong Shin, *Scattered Data Interpolation with Multilevel B-Splines*. IEEE TRANSACTIONS ON VISUALIZATION AND COMPUTER GRAPHICS, 1997 JULY-SEPTEMBER. **Vol 3, NO 3**.

Abstract and key words

Key words: depth or disparity dense map, interpolation, auto stereoscopic screen, TV3D

Abstract: After the deployment of the HDTV television we notice a renewal of interest for the relief services, notably with the 3D cinema and the recent availability of the first auto stereoscopic screens allowing a 3D visualization without using specific glasses. Those new screens display at least 2 views and often more in order to maximize user comfort.

However multiview capture is really very complex for more than two cameras. Furthermore there is no interoperability between 3D displays because each manufacturer has his specific input format. Thus we propose an efficient automatic conversion from stereoscopic views to N views for a rendering on various auto stereoscopic screens.

In this work, we describe the 3 main steps achieving automatic conversion from 2 to N views: cameras rectification, depth map estimation and view interpolation to generate views adapted to the display. As the quality of the depth map is essential for interpolation we have developed an efficient management of occlusions and also spatial and temporal smoothing improving considerably the quality of the depths map and of the generated views.

In the first and second step we compute depth map with occlusion detection after a rectification process. For this stereo matching problem issue we apply min cut/max flow algorithm on graph cut algorithm. Then we improve the given depth maps by managing the occlusion area by specific algorithm.

As we are dealing with videos the given depth maps are then regularized in a spatial and temporal way. The last one allows eliminating time noise on depth maps that particularly disturb auto stereoscopic screen rendering. For that we propose a temporal filter applying motion compensation on the depth maps given by motion estimation on the corresponding 2D colour images. Finally we use spatial regularization that preserves borders with high gradient and smooth regions of low depth variation. This spatial filter reduces quantification effect of depth map and enables to use maximum dynamic range in gray level.

Images and associated depth maps can be directly rendered on 2D+Z auto stereoscopic system such as Philips display. For automultiscopic displays such as Newsight ones 8 virtual views are generated in the third step through view interpolation.

This stereoscopic to N views gives really good results. This allows not only to fulfil the lack of multiview content but also to display the same stereoscopic on any 3D display (with or without glasses, whatever the number of views).

www.ingramcontent.com/pod-product-compliance
Lightning Source LLC
LaVergne TN
LVHW042346060326
832902LV00006B/418